历史中的艺术与艺术的历史

主编——赵鼎新 执行主编——郦菁

中信出版集团|北京

图书在版编目（CIP）数据

历史中的艺术与艺术的历史 . 第二辑 / 赵鼎新主编；郦菁执行主编 . -- 北京：中信出版社，2024.1
（历史与变革 / 赵鼎新主编）
ISBN 978-7-5217-6240-2

Ⅰ . ①历… Ⅱ . ①赵… ②郦… Ⅲ . ①历史社会学②艺术史Ⅳ . ① K03 ② J110.9

中国国家版本馆 CIP 数据核字 (2023) 第 239336 号

历史中的艺术与艺术的历史
编者： 赵鼎新 郦菁
出版发行：中信出版集团股份有限公司
（北京市朝阳区东三环北路 27 号嘉铭中心 邮编 100020）
承印者： 北京启航东方印刷有限公司

开本：710mm×1000mm 1/16　　　　印张：14.75　　字数：181 千字
版次：2024 年 1 月第 1 版　　　　　　印次：2024 年 1 月第 1 次印刷
书号：ISBN 978-7-5217-6240-2
定价：68.00 元

版权所有·侵权必究
如有印刷、装订问题，本公司负责调换。
服务热线：400-600-8099
投稿邮箱：author@citicpub.com

学术委员会

（以姓氏拼音为序）

国内学者

成伯清（南京大学）　　邓小南（北京大学）　　定宜庄（中国社会科学院）

冯仕政（中国人民大学）　侯旭东（清华大学）　　李伯重（北京大学）

鲁西奇（武汉大学）　　　缪　哲（浙江大学）　　渠敬东（北京大学）

沈卫荣（清华大学）　　　沈　原（清华大学）　　汪　晖（清华大学）

王汎森（台湾"中央研究院"）应　星（清华大学）　　张　静（北京大学）

赵世瑜（北京大学）　　　周飞舟（北京大学）　　朱天飚（浙江大学）

国外学者

Abbott, Andrew（芝加哥大学）　　　　　Bang, Peter（哥本哈根大学）

Bryant, Joseph（多伦多大学）　　　　　Clemens, Elisabeth（芝加哥大学）

Gorski, Philip（耶鲁大学）　　　　　　Hall, John（麦基尔大学）

Kumar, Krishan（弗吉尼亚大学）

Lachmann, Richard（纽约州立大学奥尔巴尼分校）

Mann, Michael（加州大学洛杉矶分校）　Riga, Liliana（爱丁堡大学）

Steinmetz, George（密歇根大学）　　　Sewell, William（芝加哥大学）

Wong, Bin（王国斌，加州大学洛杉矶分校）

凯风基金会为本刊提供资助 特此鸣谢

刊物简介

在某种意义上，现代性的本质是一种独特的历史意识，也是一种抽象的时间结构。对此的阐发、运用和反思，是现代社会科学的思想起点之一。自19世纪在西方世界发展以来的现代社会科学的一个重要基础就是对社会时间和"时间性"的新的理解，而这种理解通过现代性秩序的扩展和主宰而获得普遍的"时间特权"，也许至今仍未得到充分的反思。同样在最近的百年之中，中国在世界体系中的地位几经起伏，并经由20世纪80年代的改革逐渐实现了经济的快速发展和随之而来的社会结构的急遽转型。如果说中国的现代化仍是一个未竟的过程，这一过程本身也是现代性多元展开的重要一页，和西方近代发展总是隐约相似，但又永远相异。一方面，民族、现代国家、民主、政党等观念与相应的社会构造的确动员了极大的政治能量，很大程度上改变了社会的主导组织方式；另一方面，本土性的明流与潜流与之碰撞，又使这一过程愈益多歧，时而晦暗丰富，时而甚或创造出仍未被恰当命名的新景观。所谓的"中国道路"，并非仅限于本土的资源，而在于如何深刻地挖掘、理解和表达这些惊心动魄的碰撞与交融，及其在更长时段不断展开的历史后果，又如何生发出别开生面的社会实践。所谓的"中国经验"，亦必须建筑于一种不同的历史体验和言说方式之上，以另一种具有一定普遍意义的时间性和大量的经验研究作为稳固的基石，并且和一种新的政治主体与话语主体相关，才能在日益多元的现代性中占有自己的一席之地。

  《历史与变革》杂志正是基于这种宗旨的探索之一。我们的目标是尝试建立一个开放的学术平台，更准确地说是一座临时的桥梁，来实验如何重新建立过去、当下和未来之间的联系。在这个意义上，历史是一种方法，亦是一场没有终结的对话。我们期待经由历史来认识当下，并窥探通往未来的道路。我们期待真正富有创见、具有当代意识的研究，议题包括但不限于：

  中国当代社会变革的历史过程和机制考察；

  长时段的结构变迁、制度遗产与历史动态；

  带有历史维度的跨国/地区比较研究；

  有关历史性、时间性的理论探索。

目　录

IX　　/ 编者的话

01　　/ 公共论坛

艺术的社会学转向——围绕《从灵光殿到武梁祠：两汉之交帝国艺术的遗影》的跨学科对话

04/ 缪哲：作为"集体再现"的绘画

11/ 王献华：如生：走出汉画研究中的埋藏学陷阱

16/ 陶磊：分有还是下行：两汉之交意识形态建构模式小议

23/ 鲁明军：艺术的历史，抑或"艺术即历史"？

33/ 陈亮：和平祭坛与灵光殿

45/ 孙砚菲：当艺术史遭遇社会学：评《从灵光殿到武梁祠》

54/ 郦菁：墓葬艺术的生产与再生产：工匠、文化图式与能动性

61/ 赵鼎新：社会力量和艺术范式转型：一个总结

71　　/ 专题论文

73/ 丽贝卡·多德·乔夫罗伊-施温登：从仆从到专家：音乐特权、财产和法国大革命

100/ 王炜：保卫敏感性——以艾丽丝·门罗、罗贝托·波拉尼奥和《神曲·地狱篇》的片段为例

126/ 曹明浩、陈建军：水系计划——算法生存、技术治理和避难所的生态视角

149/ 王子月：2000年之后的社会性剧场

177 / 书评

179/ 周浥莽：观念范式与二十世纪资本主义大变革——评马克·布莱思《大转变：二十世纪的经济学观念和制度变迁》

205/ 朱陈拓：清算文化、官僚文化？——评《清算》兼论中美金融行业的差异

编者的话

艺术在以往的历史社会学研究中是较少被开掘的议题。无论是艺术实践本身，还是艺术史研究，长期以来与社会科学都是相互割裂的（如果其和人文学科还有部分联系的话），很多时候被当作一种自在的研究对象，或被假设置于完整而自足的意义系统之中。而正如盖尔（Alfred Gell）在20世纪90年代首倡将艺术研究的重心转向艺术如何作为行动、如何激发和撷取能动性并创造社会联结，以社会学为代表的社会科学也在同一时期发生了"能动转向"和"关系转向"。有感于此，《历史与变革》第二辑试图搭建一场临时的交流，并形成了两组研究议程："历史中的艺术"，即历史的结构与制度因素变迁、关键时刻的巨变，如何形塑了艺术的风格、形式以及"艺术世界"中的行动者；"艺术的历史"，即艺术本身的危机和变革，及其实践所搭建的网络和社会联结，又如何改变了历史与当下情境中人的观念与行动，甚至物质世界本身。

在第一部分围绕《从灵光殿到武梁祠：两汉之交帝国艺术的遗影》的跨学科对话中，来自不同学科的八位学者针对中国两汉更替时期艺术从纹样向状物转型的历史原因和社会动因展开进一步讨论和辨析。在《从仆从到专家》一文中，乔夫罗伊-施温登（Rebecca Dowd Geoffroy-Schwinden）探索了法国大革命对于"音乐人"职业化、音乐作品形成产权的重要影响。之后三篇文章的作者从研究者转向了艺术家，其议程也从历史中的艺术转向艺术的历史，并强调了艺术的实践维度。诗人王炜谈到了一种文学或广义的艺术危机，而也许只有认知崩溃的体验才能重新开启实质性的理解，从而保卫文学/艺术的敏感性；曹明浩和陈建军从一项长期的艺术研究和实践项目"水系计划"出发，来探讨如何调整人与自然的关系；王子月则介绍了21世纪以来的社会性剧场以及她个人的"问题剧场"创作，探索在国内社会和艺术情境中进行此类剧场创作的意义和必要性。在两篇书评中，社会学家和职业人士分别讨论了资本主义宏观经济政策与金融行业中文化与理念的面向，亦对文化与政治、文化与制度多元性等更具一般性的理论问题有所贡献。

公共论坛

艺术的社会学转向
围绕《从灵光殿到武梁祠：两汉之交帝国艺术的遗影》的跨学科对话

缪哲　王献华　陶磊　鲁明军　陈亮　孙砚菲　郦菁　赵鼎新

【摘要】《从灵光殿到武梁祠：两汉之交帝国艺术的遗影》是缪哲教授于 2021 年 10 月出版的专著，引起了学界的广泛关注。他以民间的武梁祠墓葬壁画来追溯东汉的灵光殿皇家壁画，并判断中国艺术在西汉后期发生了一场范式转型，即绘画取代纹样设计成为新的艺术主流；而促成这场革命的，是当时的国家构建和与之相关的礼仪建设、意识形态建设。2022 年 5 月，浙江大学人文高等研究院围绕该书举行了一场专题讨论，邀请历史学、艺术研究和社会学等领域的多位学者，从不同的学科情境和理论视角出发进行评价和批评，并展开探讨了埋藏学陷阱、汉代意识形态建构模式、与罗马艺术传播模式的比较、功能主义与能动性等多方面问题，特别是如何从社会学的理论视角来重构艺术研究的发问方式。

作为"集体再现"的绘画

缪 哲[①]

在一般人眼中,艺术总是轻浮的、装饰性的,配不上严肃的关注。赵鼎新老师提议做这次讨论,并邀请社会学、近东学、历史和艺术史的几位老师对我的书做一次批评,这所体现的绝不仅是对自己专业外的知识的好奇,而是社会学家对人类经验一体性的信仰。这种信仰在学术分工越来越细的今天,已经很珍稀了。我先来简单介绍一下本书的缘起、内容和方法论框架。

我是在做了近二十年新闻工作之后才进入学术领域的。那时我已经40岁,早过了专业感受的培养期,因此刚进来的时候,就像"土包子进城",看什么都新鲜。别人视以为常的,我往往觉得奇怪。而我当时最觉得奇怪的,就是中国的绘画问题。这话怎么讲呢?我们先来看看商周的艺术,比如青铜器和少量漆器,主要以抽象的纹样设计为主;到了春秋战国

[①] 缪哲,浙江大学艺术与考古学院、艺术与考古博物馆教授,1986年毕业于北京大学中文系,2007年毕业于南京师范大学美术学院,获博士学位,研究领域为中国早期艺术史,主攻战国秦汉艺术。

之交，描绘现实的绘画突然出现，但并不占主流，当时主流还是纹样设计；到了西汉末年，或者说两汉之交，绘画就成为主流了，抽象的纹样设计则降为次要类型。这样一种由纹样设计向绘画的转变，难道不是一场艺术的革命吗？答案当然是肯定的，但当时已有的研究和叙事却很少讲到这个问题。偶尔也会有学者提到，比如劳榦（1907—2003）、罗越（Max Loehr, 1903—1988），但往往也是一笔带过，不描述革命的过程，不寻找革命的动因，也不解释这意味着什么。似乎大家喜欢的只是历史的延续，而断裂是人人都讨厌的。这是我当时最感到奇怪的地方。

从那时候起我就开始思考这个问题，并计划用系列著作来讨论中国绘画传统的出现与建立。这一过程进展缓慢，直到2021年10月，生活·读书·新知三联书店出版了《从灵光殿到武梁祠：两汉之交帝国艺术的遗影》一书。该书讨论的并不是绘画的出现和它最初的发展，而是两汉之际它确立为新艺术主流的那一刻。书中的细节很复杂，结论却很简单：绘画取代纹样设计成为新的艺术主流大约是在西汉后期，促成这场革命的是当时的国家构建和与之相关的礼仪建设、意识形态建设。任何意识形态都需要把抽象的价值变成可言说的叙事，这就类似西方古典修辞中说的"figura"。[②] 纹样是一种抽象的形式，它可以象征，但无法叙事（narrate），无法言说（be discursive）；绘画则不一样，它可以通过人物的叙事，去主张，去反对，去阐述，去申明。西汉后期所发生的由纹样设计转向绘画的革命，就是当时国家意识形态建设与推广的直接后果。这是我在书里提出的主要观点。

但论证这个观点是有难度的。因为服务于当时意识形态建设的官方绘画，或者我书里所称的"帝国艺术"，今天都毁了，一件也没留存下来。但

---

② 指用于再现或象征抽象物的形象，很难有确切的中文翻译，该处保留英文。

幸运的是，我们有一篇文献，即王延寿的《鲁灵光殿赋》，里面记录了东汉初年一组宫殿壁画的主题。这座宫殿位于鲁城，即今天的曲阜，建造的年代是西汉初年。东汉初年，光武帝刘秀去山东视察，就住在那里。这时宫殿建成已近200年，肯定很破败，皇帝要来必须大修。大修的时候，就顺便做了一组壁画。东汉中后期，有个叫王延寿的年轻人，大老远从外地跑来，专门去看这座光武帝时期的文物。看完后又写了篇赋，记录他看到的绘画。这就是《鲁灵光殿赋》。据他所讲，宫殿的绘画是不同主题所合成的一组"套作"（或言"oeuvre"），包括：天神、地神、祥瑞-灾异、三皇五帝三王所代表的历史和当时的人伦典范，即所谓"忠臣孝子，烈士贞女"。如果我们从结构关系的角度，而不是单个主题简单累加的角度去分析这组套作，就会明白它的意义结构与西汉后期到东汉初年意识形态中的意义结构是完全一致的。我由此推论：这组套作是西汉后期以来意识形态建设的最初成果之一，这也是我苦苦寻找的官方绘画的一个样本。

武梁祠派画像：三皇五帝与人伦典范。山东石刻博物馆藏

武梁祠派画像：射雀图，拓片。原石藏嘉祥武氏祠保管所

但文字总归是文字，它能记下绘画的主题，却不能告诉我们绘画的样式。所以这还是个死胡同。但幸运的是，有一往往就有二。自宋代以来，曲阜周围大约100公里的范围内出土了很多东汉时期的祠堂画像，由于是石刻的，因此今天称之为"画像石"。画像石是老百姓的东西，在内容与风格上有很多派别，巧的是，其中有个派别竟囊括了王延寿列举的所有主题。这个派别的代表就是著名的武梁祠，它位于今天济宁的嘉祥县。由于这个发现，我就有了第二个推论：灵光殿的壁画虽然毁了，它的影子却还近乎完整地保存于武梁祠派画像中。借助这套老百姓的画像，对于两汉之交的官方绘画到底是什么样式，我们大体就有眉目了。

这里我要强调的是，写作这本书的目的并不是要讨论武梁祠派画像，也不是讨论灵光殿绘画。相反，我的目的有两层：一是寻找两汉之际官方绘画的痕迹，二是利用找见的痕迹，建立中国绘画诞生的叙事，或者说这叙事中最关键的一个环节。完成这一步我才能开始第二本书的写作，即从纯形式的角度理解绘画的诞生及其与当时的社会、宗教、智力生活、意识形态的关联。

《从灵光殿到武梁祠》出版后受到读者的广泛厚爱，但专业人士对此却褒贬不一，主要的批评集中于本书在目的和方法两个方面存在缺点。目的上的缺点，是指我探讨的东西已彻底消失了，无法证实。这批评得很对。从学术传统来说，艺术史是以"东西"为中心的，也就是我们常说的艺术史是一个实物导向的学科。行外的人有时指责我们是拜物教（fetishism），针对的就是学科的这个特点。换句话说，艺术史研究的是看得见、摸得着的东西，如果研究对象是早已经消失了的东西，这以传统艺术史的眼光来看就有点不正经。而方法上的缺点，大概是指本书的社会学气息很重，缺少艺术史家的派头。这个缺点恰是我们今天讨论的由头。

什么叫社会学气息呢？我们知道，艺术史是自我定义为人文学科的，潘诺夫斯基（Erwin Panofsky）的名文《艺术史作为人文学科》（Panofsky 1983），讲的就是这个。从艺术史领域的传统来看，艺术史的人文性主要集中于两个方面：第一是关心具体，包括具体的作品主题、形式或具体的人；第二个方面是注重个人。这两个倾向当然也体现于汉代画像研究中。比如，其中大量的研究利用当时精英化的、文本性的知识资源，破解具体主题的含义，如"大树射雀""泗水捞鼎""庖厨图"等。此即"关心具体"。所谓"注重个人"，可以芝加哥大学巫鸿教授的《武梁祠：中国古代画像艺术的思想性》（2006）为例。在这本名著里，巫老师从武梁个人心理的层面和个人政治立场的角度，对武梁祠画像做了精彩的解读。其他例子还包括关于汉代仙人图像的大量研究，这类研究往往用汉代很个人化的升仙追求，去理解创作西王母等画像主题的动因。总之，喜欢具体，偏好个人，是艺术史领域根深蒂固的传统。如果用这个标准去衡量我的这本书，它就不太人文，而过于社会学了。比如，虽然我也探讨具体的主题，这本书八章中有五章讨论的是具体的主题，但我探讨的目的并不是具体的主题本身，而是不同的主题所构成的抽象的意义结构，以及这个结构与当时礼仪和意识形态结构的对应关系。这种"语法化"的倾向，很难说是纯社会学的，因为语言学和人类学也有这种倾向，但这种倾向是社会学最重要的出发点。其次，战国秦汉的绘画，无论作为一种艺术类型的发明，还是发明之后在政治、宗教、仪式中的应用，我都认为它是涂尔干说的"集体再现"（a collective representation），是外在于个人的。因此，我倾向于从集体机制角度，而不从个人层面去理解绘画的发明或消费。这个视角就很社会学了。总之，根据我对当时绘画性质的理解，我在写作这本书时有意带进了很多社会学的维度。习惯于人文视角的同行之所以感到不安，可能是出于这个原因。不过我想要澄清的是，我虽然引进了社会学视角，但我并不是一个艺术社会学家。按照我的理解，艺术社会学研究的是以艺术为中介（mediator）或以艺术为动源（agency）的社会关系，我的兴趣恰恰相反，我感兴趣的是被社会关系所限制，或与社会关系相互动的艺术。所以归根到底，这本书还是一部传统的艺术史。

关于这本书的内容和方法上的倾向，我就说这些。最后，我谈一下这本书的整体研究框架。我前面讲到，我的专业兴趣是描述绘画诞生的过程，并给出一个解释。描述所需要的是形式分析的技巧，这个相对要简单，有一双好眼睛就够了，解释则要复杂得多。解释的前提是对当时绘画的性质要有一个准确的理解，比如绘画的出现、发展与确立是独立于社会现实的美学追求吗？或如李格尔所说的是艺术意志（kunstwollen）的结果，还是像涂尔干所说的是一套社会现实的集体再现呢？这个问题是我的第二本书重点要思考的。根据目前第一本书里流露出来的倾向，大家一定猜到了，我肯定会作最后一种理解。具体地说，我不把绘画的出现与建立理解为一个以具体为导向的艺术史问题,而是将之理解为一个以抽象关系为导向的社会学问题。这个问题我还在思考中,尚没有成形的想法,但我可以把与绘画同时诞生的其他再现系统在这里罗列一下。我们知道,绘画大约出现在孔子的时代。从集体再现的视角看,这是个怎样的时代呢?我想是不是可以这样定义:这是身体的行为第一次再现为哲学性话语的时代,是物品的价值第一次再现为货币的时代,是直接的行政管理第一次再现为文书的时代,是习惯性的判决第一次再现为成文法律的时代,是仪式的宗教第一次再现为神学的时代,是秘密的、口传的科技知识第一次再现为公共性图文的时代。用一句话来说,这是一个由身体的直接(经验)走向再现的间接(经验)的时代。绘画就产生于这样一个时代。如果我们从社会学所提倡的经验一体性的角度去理解绘画,能否更准确地把握艺术的发展,与此同时,也能对其他再现系统的理解投下艺术史所独有的光照呢?我相信是可以的。如果这个目标能够达成,那艺术就会像潘诺夫斯基梦想的那样,成为整个时代的视觉象征(symbolic forms)了。但这个目标显然不是艺术史能独立完成的,需要不同学科的合作与推进。这次研讨也是我们未来合作的开始。

【参考文献】

巫鸿著,2006,《武梁祠:中国古代画像艺术的思想性》,北京:生活·读书·新知三联书店。

Panofsky, Erwin. 1983[1955]. *Meaning in the Visual Arts*. Chicago: Chicago University Press.

如生
走出汉画研究中的埋藏学陷阱

王献华[①]

首先要说明的是,我把缪老师的这本书当作一般意义上的历史学著作,而非单纯的艺术史著作。专业的艺术史研究超越了我的研究范围,好在一本真正的好书,其重要特征之一就在于"横看成岭侧成峰",即怎么看都能看出意思来。缪老师的书就是这样一本好书。以下我将从一个相对外围,以及一个对艺术史感兴趣但并不专业的读者的角度,结合我自己的研究经验对该书做一个简单的回应。

之所以采取"埋藏学"(Taphonomy)的角度,是因为我的老师波斯盖特(Nicholas Postgate)教授写过关于早期文字用途的文章(Postgate 1995;2005)。在1995年的文章中,他首次比较系统地提出了一个猜想,那就是世界范围内不管是什么传统中的早期文字,最早都应该是在实用语境中发源的。这个猜想后来成为一个有意思的话题,大家有各种各样的回

[①] 王献华,1974年生于河南省孟津县,研究领域为古代两河流域早期社会史、古代以色列的历史与文学,现任上海外国语大学全球文明史研究所教授、所长。

应，但无论同意或者不同意，往往都忘记了他最初的谨慎态度。缪老师也在他的大作中提到，学术研究有的时候会进步，有的时候却未必，在文字的源起和早期文字的用途问题上好像也是这样。

在1995年的文章发表10年之后，2005年，借着一本关于玛雅等早期文字的论文集以及一个法国学者关于早期楔形文字的专著的出版，波斯盖特又专门写过一篇关于早期文字的综合性书评。但后来不少讨论早期文字的学者好像都没有认真对待这篇文章，这不太应该。在这篇文章中，他在早期文字的研究语境中提出"埋藏学"的问题，其实就是在提醒大家：第一，哪怕是两河流域保存下来的写在泥板上的文字，也不一定能够体现更早的文字发展阶段的完整面貌；第二，从质的意义上，保存下来的资料能够提供的可以说明文字用途的证据也不完整（2005，278）。

埋藏学是古生物学研究中对古生物化石化进程的研究。《地质学百科全书》对它做了如此定义："埋藏学研究有机生物残骸如何从生物层进入岩石层的过程，包括影响有机体死亡时刻（或抛弃某些身体部分的时刻）、分解、埋藏以及作为矿物化石或其他稳定的生物物质形式保存的各种过程。"（Behrensmeyer 2021，12-22）也就是说，埋藏学是对过往生态世界的一种本体论追问，而过往生态世界至少在地质学和生物学的尺度上包括人类及其生存样态。因此，严格一点来说，波斯盖特教授对埋藏学的使用不是在这个意义上，而是更接近考古学中的用法，主要指非人类的物品埋藏学，对埋藏学的理解反而更狭义一些。

通过追溯王莽时期的某种艺术潮流如何在东汉时期成为皇家艺术的典范，进而成为民间墓葬艺术效仿的对象，缪著在充分考虑汉代人的文化心理和行事逻辑的前提下，尝试在东汉艺术史的时间断面之间建立关联。尽管古代宫殿或者坟墓的材料有其狭义的埋藏学问题，但在整体上，缪著的这种设问方式指向的是本体论意味的埋藏学。在本书开始的"说明"部分，缪著感慨"阐释之难，难在不谈整体，便难言部分；不说部分，又难见整体"，在"导言"部分又旗帜鲜明地反对"墓葬艺术"的提法。这都表明从埋藏学的角度看，缪著要完成的工作原本就不可能，也不准备仅仅局限于一般意义上的"艺术史"。这种无意之中对狭义的埋藏学的超越，或许可以解释缪老师的研究不仅一向焦点鲜明，同时也纵横于历史时空之中。

可资类比的是，罗森（Jessica Rawson）教授曾借用童恩正先生提出的"半月形文化传播带"概念来理解青铜时代中国境内从东北到西南的文化分布，并部分地支持了童先生的看法（Rawson 2017）。有理由认为，这个半月形文化传播带其实是一条人员和物质文化流通的高速公路，一条文明大动脉，这条大动脉两翼的广大平地和高原共同构成中华文明的历史舞台（王献华 2023，150-154）。从认识方法上来说，这里相通的地方就是，我们应该如何去认识原本具有时空一体性的鲜活世界，是自外而内、粗暴地开腔破肚式的分析，还是充分地尊敬从鲜活的历史时空到我们面对的历史留存之间的埋藏学问题？二者的区别在于，是否具有对埋藏学本体论诉求必要的自觉，是否充分地尊敬鲜活的历史时空。因此，根据模糊的环境标准将中国分成几块，在史学研究中拿来作为历史世界的单元使用，可以说是一种人为制造的埋藏学陷阱。狭义的埋藏学无法克服这种陷阱。

缪老师对自己书的定位相当低调，他说他只是想追究一个艺术史领域内的问题，即战国以来所积蓄的状物动量是如何获得其观念与制度的合法动力，进而促成中国艺术由纹样向状物的革命性转折的。就实现这个目的而言，我觉得缪老师的著作是成功的，尽管他对"整体"的关注已经决定他的作品不可能仅仅与"艺术史"有关。在导论部分缪老师说，对任何一个以事死如生为原则的社会而言，事死的艺术都只是以事生艺术为主体的物质-视觉系统的组成部分，无论内容还是形式都很难独立。在这个判断背后，我觉得隐藏着一个比他表面的讲法更具雄心壮志、更有爆发力，也更宏大的对待历史世界态度的重要转变。

换言之，缪老师从汉画研究切入，在我看来可能在无意之中为史学类型的研究提供了一个埋藏学批评的实例，也因此对考古学和器物研究中狭义的埋藏学概念做出了矫正（Lyman 2010）。与此相一致的是，缪老师以一种不同的方式认识古代世界，把开膛破肚的解剖学方法转换成了社会学或者人类学的方法。我觉得缪老师是真正在努力"复活"汉代生活，哪怕终极意义上做不到，但他尝试进入活的世界中间，根据对活的历史世界的认识做出判断。我更倾向于认为，缪著的人类学色彩要更重一些，这一点可能和更强调社会学视角的老师们不太一样。

之所以有这样理解上的偏差，可能因为大概在 2000 年左右我读到《艺术品与能动性：一种人类学理论》（盖尔作品标题中的"Art"一词，我觉得更应该翻译成"艺术品"，而不是抽象的"艺术"），作者盖尔试图通过此书建立一种"艺术品人类学"，对来自时间、空间上距离西方都比较遥远的社会中的艺术品进行研究（Gell 1998）。我用了很长时间才在最初的沉浸之后意识到，盖尔的"艺术品人类学"最值得重视的地方在于，他提供了一种尝试克服埋藏学问题的方法，去研究活的世界而不是解剖尸体，在活的世界之中追寻每一件艺术品甚至每一个艺术元素周边的关系网络，在此基础上探讨艺术品的"生命"。我觉得缪著的整体设计与盖尔的框架暗合，而对"如生"的强调则建立在对具体艺术品周围"人际关系"的重视之上。

总结来说，我首先把缪老师这本书当成历史书来读，然后才是艺术史。而作为一本历史书，缪老师强调事死如生的艺术。事死如事生是个很重要的洞见，其前提是跳出狭义的埋藏学，采取更具有本体论重建意味的思路。缪著改变了现有艺术史研究"开膛破肚"式的认识方式，找到了一种在面对历史时把古人当作活生生的关系世界中的成员来进行分析的态度和方法，从而成功地将汉画放在了汉代政治史、思想史和社会史的脉络之中。

【参考文献】

王献华，2023，《亚欧大陆青铜时代的三星堆文明》，《中国社会科学》第1期：140—160页。

Behrensmeyer, Anna K. 2021. "Taphonomy". David Alderton and Scott A. Elias, eds., *Encyclopedia of Geology, 2nd Edition*, Vol 3. London: Academic Press, 12—22.

Gell, Alfred. 1998. *Art and Agency: An Anthropological Theory*. Oxford: Clarendon Press.

Lyman, R. Lee. 2010. "What Taphonomy Is, What it Isn't, and Why Taphonomists should Care about the Difference". *Journal of Taphonomy* 8(1): 1—16.

Postgate, Nicholas. 2005. "New Angles on Early Writing". *Cambridge Archaeological Journal* 15(2): 275—280.

Postgate, Nicholas, Tao Wang and Toby Wilkinson. 1995. "The Evidence for Early Writing: Utilitarian or Ceremonial？" *Antiquity* 69: 459—480.

Rawson, Jessica. 2017. "China and the Steppe: Reception and Resistance". *Antiquity* 91(356): 375—388.

分有还是下行
两汉之交意识形态建构模式小议

陶 磊 [①]

缪哲先生《从灵光殿到武梁祠：两汉之交帝国艺术的遗影》一书基于对若干汉画母题所对应的社会思想与现实的深入探讨，借助武梁祠墓葬壁画还原灵光殿壁画，又立足于灵光殿为汉光武帝驻跸之所，试图重新确立汉画呈现意识形态的功能与属性。这无疑为解读汉画提供了一个新的视角，是一部有材料、有想法的汉画研究力作。哈佛大学包弼德（Peter Bol）教授曾提到，有西方学者否定古代中国有类似西方的人文主义艺术传统，而包教授本人认为古代中国山水画是人文主义艺术。[②] 据此观之，汉画也应该是人文主义艺术。从这个意义上讲，缪先生之著十分重要，对于恢复古代人文主义艺术的完整传统贡献甚大。不过，笔者更倾向于将其接受为一部呈现两汉之交思想转型的力作。西汉自元帝重视德教，是思想转型之开端，然其史迹隐晦，具体记录德教推广过程和方式的材料十分有限。基于缪先

[①] 陶磊，历史学博士，浙江大学历史学院副教授，主要从事早期中国文明的教学与研究。
[②] 此据包弼德教授数年前在浙江大学西溪校区人文学院咖啡吧讲座获知，特此说明。

生的探讨，汉画可以被视为推广德教的媒介。在此意义上，该著具有填补此前史料空白的意义。作为解读汉画的方法，运用意识形态视角自然是正确的，任何文艺都是存在的意识化表现，汉画自然也不例外。不过，意识形态与对存在的一般意识化表现还有区别，因其具有鲜明的政治色彩。缪哲先生的著作在这一点的把握上同样是可靠的。其中具体个案的处理，应该说是比较充分的。不过，即使进入大一统时代，古代中国文明的意识形态建构仍具有高度复杂性。用意识形态功能和视角来解读汉画，有些问题可能说不清楚。实际上，汉画也仅在意识形态建构中扮演部分角色。就书中所论，灵光殿中的原画作为护持天子意识，彰显天子德性之光的艺术作品，无疑具有整体呈现当时意识形态的特征。但缪哲先生又将周公辅成王、西王母等主题与王莽、王政君政权关联起来，这就有问题了。这种关联性建构不具有整体性的特征，而是对特定政治行为合法性的辩护。因为特定政治行为具有时间性，为之辩护的题材又早于天子整体意识空间的建构，所以这种建构与被认为彰显整体意识建构的相关汉画的关系，事实上就是一个需要说明的问题。换言之，艺术作品是为特定政权服务，还是为一般意识形态服务，并不是一回事。

与此相关的还有一个问题，即墓葬壁画作为一种艺术存在，并不限于今天的山东，陕西北部、河南南部以及四川等地都有，题材也不完全相同。如果汉画具有意识形态建构功能，所有这些作品都应该具有这种功能。那么，如何表述汉画的艺术形式及内容的传播，从而说明两汉之交的意识形态建构的模式，就是一个值得更深入探讨的问题。

具体来讲，缪哲先生用西方古代艺术研究的"下渗"理论（trickle-down theory）来解释中国的情况，这一取经的恰当性需要重新审视。在我看来，"下渗"包含"下行"和"分有"两种不同的模式，往往和特定的社会结构联系在一起。下行意味着在等级明确的社会中某种理念从上至下流动，上行下效；分有则是在相对扁平的社会结构中，某种真精神自天子至庶人，所秉持的天赋精神是相对一致的——这种精神习得模式与基于社会地位高低的传播形式不尽相同。从艺术品流行的视角看，从天子驻跸灵光殿的壁画（需要复原），到一般的社会流行主题，确具有下行意味；但如果从意识形态建构的角度观察，更多的是分有，而非简单的下行。二者并不能完全等同，也不能用前者简单替代后者。"分有"概念还可以同时解释上文中提到的两个现象，即个别（政权）与整体（意识）有别，区域主题有别。因此用"下渗"概念笼统来说是不确切的。以下将加以详述。是否可行，请缪哲先生及其他同仁批评。

首先，古代中国文明作为一种存在，有其自身的结构性特征，即存在多元的秩序建构形式，意识形态建构亦如此。缪哲先生讲的"则天""稽古"，实际是儒家的意识形态，而法家的意识形态是法教。这是两种不同的典范形式。事实上因为存在两者综合的问题，儒家与法家内部还可以分出若干分支形态，比如儒家内部就存在今文经学与古文经学的问题。

"则天""稽古"严格讲是古文经学派别所倡导的意识形态。[3] 一般认为，古文经学尊周公，今文经学尊孔子；但事实上孔子也有前期与晚年的区别，其前期重视诗书礼乐，晚年重视《易经》，作《春秋》。古文经学六经次序始于《诗》，今文经学六经次序始于《易》，两派经学对于孔子早期与后期学术的重要性认识有别。孔子前后两阶段之学，或者古文经学与今文经学这两个派别，理论上讲各自所依据的宇宙观是不同的。诗书礼乐旨在培养德性，而《易》《春秋》皆重形式，从宇宙论角度讲，前者是对人的属天性的关切，而后两者都是天地整体宇宙论，并且都有天地或两仪之上

---

[3] 今古文经学究竟该如何区分，学界未达到完全的统一，文本字体的区别是最基本的认识，近代以来又提出制度思想的区别。笔者主张从宇宙观的角度去把握二者的不同，理解上与缪哲先生略有不同，参见拙文《经学价值的二元性："〈诗〉亡然后〈春秋〉作"疏解》（陶磊 2020）。

公共论坛

的建立（太极或元）。这跟今古文经学也有对应关系。换言之，诗书礼乐指向教化成德，德的根源在天，更接近古文经学的宇宙观，孔子讲"唯天为大，唯尧则之"。德性的典范通常是古人，与祖宗崇拜关系密切，而典范的建构也需要时间来沉淀。因此孔子讲"好古敏以求之"。因此，"则天""稽古"是古文经学推崇的。汉画的孔子见老子、周公辅成王、燕飨拜谒、忠臣烈士、孝子贞女等主题，都带有尊德性、重礼仪的特征。缪哲先生讲这些内容包含了经学主题，是完全正确的。进一步来说，其反映了德教意识的展开与古文经学的兴起之间的关系，而这一运动最重要的推动者就是王莽的重要支持者刘歆。但要注意的是，孔子并不是空谈心性的理学家，相反，他很重视实际才能培养，所谓"君子不病不己知，病无能"。这种实际才能在他那里也具有德的意味，所谓"骥称其德，非称其力"。准此，那些反映社会生产的汉画，也可以视为所欲建构的一般意识形态内容的反映，而不光是单纯的德教。

如果我们遵循缪哲先生的说法，认为汉画宣讲德教（源自古文经学），书中对个别汉画的解读或有可商之处。缪哲先生举的例子包括灾异，孔子不语怪力乱神，灾异说是典型的怪力乱神，因而从整体上看，相关的解读与德教的意识形态并不吻合。灾异是孔子晚年才愿意接纳的事物，其删定的《春秋》中即保留了很多灾异记录。之后，董仲舒特别重视灾异，因今文经学家受法家的影响比较深，从思维形式上讲，其有形式优先的特征。"十端之天"作为形式的总根源，其对于人有制约规劝的义务，灾异自然就进入了思想家的视野。④ 不过，两汉之间政治势力运用灾异来建构政权合法性，不排除这些内容也会进入汉画所欲建构的意识形态。⑤ 只是，如果书中

---

④ "十端之天"是董仲舒汇聚天、地、阴、阳、金、木、水、火、土、人十端而提出的关于存在总根源的概念，基于这个概念，原先天地人三分的宇宙论成为关联性整体，灾异说因之而成立。
⑤ 王莽、刘歆重视古文经学，但也重灾异说，并在统治期间频繁利用灾异，但灾异是同今文经学联系在一起的。

只讲一种灾异题材（比如大树射雀图），这样解读就显得不充分，因为灾异的具体表现很多，只有一种进入意识形态建构似乎不合情理，更何况这个主题还可以有其他解释。[6] 此外，祯祥与灾异实质有别，出现祯祥的根源在人，因为人有德性，故有祯祥降临；灾异的根源在天，而天人之间是主从关系。书中所论的汉画祯祥题材丰富，与当时倡德教关联在一起。而灾异只有一种，明显不对称。[7] 如果能举出更多的灾异主题入画的例子，原书的论证可能会更有说服力。

上述的分有作为一个哲学术语，源于柏拉图。存在物是对理念的分有，理念的内涵则表现为形式。这里本有以形式为实在的观念。就古代中国文明而论，因为不存在形式、质料这样的分析方法，对于实在的理解方式也不同于古希腊。古代中国的实在以具体的灵魂与物质二分的形式存在，或者是高尚的人的道德灵魂，或者是可以满足人之需求的物质实在。反映这种实在观念的意识存在物的传播，与西洋的艺术品的传播自然也不是一个概念。西方重理性，按柏拉图的讲法，理性有高低九个层次，而艺术品的传播所承载的艺术精神的流行，是从理性高的人向理性低的人的下行，是合乎其艺术品作为意识存在物的本质的，因为现实中的人确实有理性层次的高低之别。在西方人看来，这种理性层次的高低对应着社会地位的高低，所以奴隶无理性，被排除在社会之外。在此背景下，将宫廷艺术向下层传播表述为下行式的下渗，是可以理解的。但就"下渗"这个词本身来说，它并非指简单的一个物件的传播，而是点滴渗透的意思。如果只是物件本身传播，用"下行"这一层意思就可以。笔者认为，缪哲先生讲的下渗，不仅包含了艺术的下行，也包含了某种精神传播的意思，而精神的习得在

---

[6] 本次研讨会期间，郭涛先生提到可以用寻求封侯来解释大树射雀图，因"雀"与"爵"相通，就德教作为意识形态讲，并考虑汉画整体的和谐性，这个解释可能更好。故录之。

[7] 原书附表二列举武梁祠祯祥灾异图，有两例灾异题材，但都是残画，不足以作为其有灾异题材的证据。

汉代的语境中注定是一个缓慢分有的过程。

　　古代中国文明有其特殊性，因为受文明类型与绝地天通宇宙论的影响，人本身的规定性被作了二分处理：讲德教的重视人的属天性，讲欲望的重视人的属地性。无论是哪一派，都不重视社会的自然分层，社会建构都遵循横向建构原则进行。重视等级分层是因为战国秦汉时期有大一统秩序的出现才流行起来的，而这种具有独立形式的等级秩序并没有精神根源。换句话说，我们找不到与这种等级形式对应的真实精神，也没有体现这种社会形式精神的艺术品。所以，汉画这种艺术品的传播，事实上就不能用下行式的下渗来简单类比。其从社会地位高低的视角看，是下行；从意识建构的角度看，则是分有。考虑到反映社会生产的汉画不见于灵光殿，用下行表述这种题材的流行并不恰当。从整体上把握，还是用分有更准确。

　　当然，从战国时代礼书文献看，重等级在集体精神领域并非没有体现。祭祀上的等差性就具有某种精神内涵，但这种精神建构更多应是社会建构的意义，更强调社会的整体性，与个体之真实精神诉求并不能等同。并且，古代中国社会建构的精神与形式并不像西洋社会那样具有一致性，因此尽管集体精神有等差性，社会结构并不必然有等差性。而汉画体现的是当时人的真实精神诉求，追求某种人性精神，指向个体的价值实现。这之间的分立，其实是古代中国文明发展到战国秦汉之后出现个人与社会形式孰为真实存在之认识分立的反映。前者指向自我的真实，后者则是作为群体而存在的形式。

　　艺术品反映个体的真实精神，而中国人的真实精神一直是立足于个体的二分的灵魂真实。从这个角度看，汉画的传播过程其实只是分有的过程，每个个体都能体会到自己的两层灵魂。当然，汉画承载的是指向德教的道德灵魂，其中没有反映等级社会形式的东西。这种传播，实际是不同的个体分有基于人的属天性所共同认可的精神实在，与其社会地位高低没有关系。否则我们就很难理解，作为皇帝的意识的"对跖"的内容为何可以为一般社会成员所分有，这与反映社会等级的精神建构的原则是相违背的。

准此，将汉画这种艺术形式的传播表述为一种分有的过程更准确，也更符合汉画作为意识形态承载物的实际作用。此外，从个别发生到系统建构，再到不同地域的题材有别，这些现象都可以用分有来囊括。因为儒家德教内涵本有其庞杂特征，仁义礼智圣等德目所对应的内容非常广泛。个体和地方可以分有整体，也可以分有部分，这是中国精神之分有与古希腊精神之下行不同的地方。

【参考文献】

陶磊，2020，《经学价值的二元性："〈诗〉亡然后〈春秋〉作"疏解》，《浙江社会科学》第284期：145–154页；160页。

艺术的历史，抑或"艺术即历史"？

鲁明军[①]

自 2021 年底出版以来，缪哲先生这本书不仅在艺术史学界，在整个人文社科学界也引起了一定的反响。在知识分化越来越细、对话空间越来越小的今天，这是一个久违的现象。我的研究方向主要是现当代艺术理论和中国近现代美术史，因为教学的需要也涉及一些中西古代美术史。而且，我眼中的"当代"这个概念原本也涵括了古代，所以我对古代艺术史的经典著作和最新的研究也一直比较留意。限于学力，我没法对书中非常具体的细节提出什么问题——这类细节问题此前在三联书店和中国艺术研究院组织的讨论中已经提出过非常多。我更关心的还是他研究和写作的视角、思路和方法，以及作为一种研究范式或一种知识方式对我有哪些启迪。就此而言，我认为这本书同样是具有一定开拓性的作品。以下就我有限的理解谈三点粗浅的体会。

[①] 鲁明军，复旦大学哲学学院青年研究员，博士生导师，主要研究方向为中国近现代美术史、当代艺术理论与批评、策展实践。

一、艺术的"功能机制"与"能动性"

缪老师几年前说的一句话令我印象很深——我不知道他现在是否还坚持这个说法。他说，20 世纪最伟大的或最重要的艺术不是社会主义、现实主义，也不是现代主义、当代艺术，而是现代木刻运动。且不论这个说法有没有道理，重要的是缪老师说这个话的动机。后来，联系到他关于汉代艺术的一系列研究，我才有所理解。我记得此前在三联书店那场讨论最后的回应中，他特意提到为什么马王堆帛画不够典型，就是因为它属于孤例，占比不够。他更关心的是类似石刻、铜镜、陶器这样具有一定普遍性的艺术品或"功用性物件"。里面有一个重要的假定，即艺术是具有实际功能的，甚至可以说它就是一个工具。这和我们一直以来对于艺术作为个体天才性创造的认识有着根本的不同。反过来，当我们认为"艺术即历史"或"艺术作为大历史"的时候，他认为应该注重具有一定数量或占比较高的艺术品，比如汉画像、20 世纪初的木刻等。他真正关心的还是时代的艺术，而不是某个人的艺术。所谓时代的艺术，要看艺术本身能否激起普遍的反应，不管这个艺术属于精英还是平民，不管它是江湖的还是庙堂的，不管它是自上而下的还是自下而上的。很显然，汉画像和 20 世纪现代木刻的联系和区别也正体现在这里：联系是它们都属于大众艺术，区别是汉画像是自上而下渗透和扩张的，而现代木刻是自下而上发展的。用他的话来说，这取决于一种相对普遍——而非个人——的"功能机制"。

在"导言"中，缪老师数次提到"功能"——无论是艺术的功能还是艺术的社会功能，据我粗略统计至少有六七处。比如，"状物绘画源于春秋战国之交，但终战国二百年，始终未脱其纹样倾向，揆情度理，原因或在于其功能所加的摩擦"（缪哲 2021，9）。又如，"随着意识形态的建立，艺术便于汉武帝之后渐获得了新的功能：意识形态塑造、呈现与推广的手段"

（ibid., 10）。另如，"概略地说，这框架由众多要素组成，不同的要素之间，则呈结构——功能主义式的互文关联（intertextuality）"（ibid., 11），等等。但我发现"导言"正文中并没有"功能机制"这个词，而是用了"制度机制"。[②] 另外在"导言"注释9中提到："由于中国艺术史的研究当时刚起步，罗越、方闻一代艺术（史）家的主要用心，便是确立中国艺术风格发展的序列（罗越所称的"authentic sequence"），而非某具体时代风格实现的机制与过程。"（ibid., 411）虽然只是一笔带过，但我觉得非常重要。从方法论的角度，他已经明确提出与罗越、方闻、巫鸿（包括邢义田）等艺术史家的区别，核心就在于"机制与过程"这个词。

我没来得及重新翻阅巫鸿老师的《武梁祠》（2006）——这本书在某种意义上也是缪老师的对话对象之一。如果我记得没错的话，巫老师在书的最后提到了一个词：儒家美术。十几年前我第一次看到这个词时，以为它会和"佛教美术""道教美术"一样传播开来，甚至成为一个学科门类，结果流布甚广的不是"儒家美术"，而是"墓葬艺术"——缪老师对此也提出了尖锐的批评。后来，我发现巫鸿老师自己在公开场合也很少提"儒家美术"。我想，可与它对应的应该是缪老师的"帝国艺术"。《从灵光殿到武梁祠》对巫鸿老师的观点提出了不少质疑和批评。如果抛开文献、事实层面的争论，从这两个核心的概念中可以看出二者的内在分歧，这也是我给缪哲老师提的第一个问题——如何看"儒家美术"与"帝国艺术"的区别？

在我看来，二者根本的区别就在于"意义"与"功能"的差异。他们都追求一种普遍解释，但路径不同，得出的结论也不同。"儒家美术"诉诸意义，是一种解释；"帝国艺术"诉诸功能，是一种考掘。如果说，前者是从特殊引出普遍，那么后者则是从普遍回到一种"特殊的普遍"——之所

[②] 原文为"历史乃非人格化的社会力量——如制度机制、社会结构、经济基础、上层建筑——相互动的结果，是汉人所不知的"（缪哲2021，11）。

以认为它是"特殊的普遍",是由于它主要限于两汉艺术,理论上并不见得适合两汉以外的艺术。③

  这里面有个关键问题是艺术的动力或能动性(agency)在哪里?如果从"儒家美术"的角度而言,这个动力通常来自个体的认同,但如果从"帝国艺术"的角度而言,这是帝国意识形态自上而下渗透的结果。如果说前者的主体是巫鸿老师所说的墓主武梁的话,那么后者在某种意义上就没有主体。理论上,"功能机制"本身就在消解主体,或不做主体的承诺。在一个注释中,我注意到缪老师提到这亦不同于李格尔所谓的"艺术意志"。问题就在于,当我们不做主体承诺的时候,"能动性"来自哪里?

  关于这个问题,王献华老师提到英国人类学家盖尔在其《艺术品与能动性》一书中提到"索引"(index)这个概念,认为艺术品就是一个抽象的"索引",串起不同环节和要素之间的关联,其中自然会产生各种能动性。如图1所示,图中箭头扮演的就是"介质"或"中介"的角色,也是其"能动性"的来源。盖尔很大程度上受到索绪尔、涂尔干的影响,但和静态的结构主义分析不同,他强调的是一种"过程化的能动性"。之所以提到盖尔,是因为在很多方面他和缪老师的观点非常相似,比如他认为"艺术人类学也应聚焦在艺术品生产、流通与反馈的社会脉络,而不是对特定艺术品的评价"(Gell 1998, 3);缪老师也多次提到这不是一本关于形式、风格和审美的著作,不是基于人文主义视角的写作,而是一本聚焦政治、社会、文化机制及其运作的著作。缪老师在书中也提到涂尔干关于社

---

③ 缪哲在一篇访谈中提到,"关于早期艺术,我的理解是一种知识的工具,类似柏拉图与亚里士多德所说的修辞——对真理的有效表达;具体地说,就是对社会知识、社会认知的一套有效的视觉表达。人文主义的方法是倾向于个人的:我设身处地构想你的处境,进而理解你的动机。如果我们把早期艺术定义为一种具有公共性的视觉表达,那么,对它的研究就不好采用人文主义方法。因此我采用社会学、人类学的路径。它提供的是一种集体的视角,即从整个社会的集体认知、集体感受这个角度,去理解早期艺术。当然,这在我们艺术史领域里还不很流行,因为大家通常还是将艺术史定义为一种人文学科"(缪哲、郑诗亮 2021)。

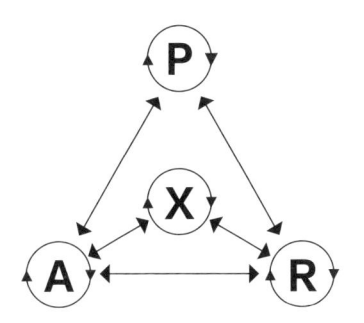

X=Index（索引）, A=Agent（代理）, P=Prototype（原型）, R=Recipient（接受者）

图 1

会分工的论述，"古代艺术的形式转换所体现的，往往是社会集体认知方式的转变"（缪哲 2021, 411）。"集体认知"意味着这个"能动性"的前提是集体实践，而不是个体实践。那么，这是一种怎样的能动性呢？它与盖尔之说的区别何在？王献华老师曾经认为，盖尔的理论是对潘诺夫斯基及其"智性结构"的一个彻底的修正。巧合的是，我在读缪老师这本书，特别是"导言"的时候，首先想到的也恰是潘诺夫斯基，还有沃尔夫林的研究。这也是我要谈的第二个问题。

二、从纹样到状物："文字脉络"与"视觉脉络"

之所以说《从灵光殿到武梁祠》跟潘诺夫斯基的研究接近，其原因在于，如果说潘诺夫斯基为文艺复兴绘画找到了一个普遍性的"图像程序"，那么缪老师的这本书实际上为两汉艺术找到了一种普遍的"功能机制"或

"图像运作机制"。④ 而且我相信，二者的导论和序言部分都是最后写的，都在试图做一个总体性的概括。二者的区别在于，潘诺夫斯基只是提到一套图像程序，而缪老师在明确图像运作机制的基础上，提出了两汉之际从纹样到状物这一重要的变革——尽管这个变革（包括这个概念）借鉴自劳赣。下面我再展开讲三点。

其一，之前就有学者认为，纹样和状物的两分简化了历史，有的纹样也在状物，有的状物中也不乏纹样。客观地说，这二者之间的确很难泾渭分明。就像沃尔夫林虽然在《美术史的基本概念》（2015）中提出了相互对立的五对范畴⑤，但其在论述中特意强调了一些模糊地带，比如文艺复兴时期的涂绘等。缪老师也并不否认这一点，比如"状物绘画源于春秋战国之交，但终战国二百余年，始终未脱其纹样倾向"即说明存在过渡阶段。

其二，缪老师在论述中尤其强调"视觉脉络"与"文字脉络"的相互印证，这其实也是潘诺夫斯基"图像学"的典型特征。潘诺夫斯基不仅诉诸图像形成的脉络，也强调与之相应的文献流变。就像他在《图像学研究》一书中多次提到的新柏拉图主义，对应到缪老师这里就是两汉经学。比如在"重访楼阁"一节中，缪老师尤其强调了"画家预设的理解方法，是'半读半看'。'看'而不'读'，是无法达其所指的"（缪哲 2021，209）。在我看来，缪老师这本书的文献材料几乎是压倒性的，这一点在既往的中国艺术史研究中极为少见。我记得尹吉男老师也提到，通常艺术史研究都是从某个具体作品出发引出历史——比如潘诺夫斯基的图像程序是从图像

---

④ 每一个图式都有历史的序列，并形成一套"图像程序"。潘诺夫斯基甚至将文艺复兴的图像程序扩展至关于17世纪绘画的研究中，这一点导致斯维特拉娜·阿尔珀斯等艺术史家的质疑和批评，后者认为17世纪绘画的描绘性完全不同于文艺复兴绘画的叙事性。

⑤ 这五对范畴分别是：线描与涂绘，平面与纵深，封闭的形式与开放的形式，多样性统一与同一性统一，清晰与模糊。

学描述、图像程序再到图像意义。⑥但缪老师的写作顺序在某种意义上与之相反，他是从帝国政治、经学发展这些历史背景推到建筑、画像，可以说是从意义回到图像。缪老师当时没有回答这个问题，但我觉得这是一个非常重要的问题。他的写作是按照图像的生成逻辑展开的，图像本身是集体意志和帝国意志的产物，它承自一个自上而下的逻辑。这既不是简单地"以图证史"，也不是粗率地"以史证图"，而是复活他们说话的"语境"。在这里，帝国意志自上而下的意识形态渗透就是这本书要复活的"语境"。

也是在这个意义上，我认为这本书虽然看似与沃尔夫林、潘诺夫斯基的研究有一些关联，但在具体的案例研究中，它背离了风格分析和图像序列这两种范式，采用了功能-机制的结构主义方法。这个也是缪老师与巫鸿、邢义田等学者的区别，后者主要还是诉诸序列式的考察。

其三，关于图像、实物与文献的问题。在此前的讨论中，尹吉男和贺西林两位老师都认为"灵光殿"没有实物，直到"武梁祠"才有了真实的实物，因此必然有很多推测和想象的成分。我想说的是，虽然该书是从集体认知或普遍的功能机制出发的，而潘诺夫斯基和很多艺术史家是从个案出发，透过多个个案的叠加汇总，以此找到可能的普遍性机制的，但有一点两者是一样的，即潘诺夫斯基的"图像学"并不诉诸绝对的"原作"，他看的是"图像"——比如迪迪-于贝尔曼（Georges Didi-Huberman）就曾指摘他忽视原作而依赖图片（或者说这种研究方法看不看"原作"并不重要），缪老师虽然也依赖图像，但他将图像置于一个功能系统，比如建筑、经学以及整个意识形态结构中，他并没有做一个艺术和艺术史的承诺，而是将图像视为文献，将文献视为图像。图像也好，文字也罢，在这里都不是本质意义上的艺术；你可以说它是艺术，也可以说它不是艺术。或者说

---

⑥ 这是尹吉男教授在"观念、礼仪与艺术——《从灵光殿到武梁祠》学术研讨会"上的发言，2022年1月16日在北京由生活·读书·新知三联书店举办。

艺术就是一个专名，并不具有实在意义。甚至可以说，这本书恰恰是想提示我们，汉画像不是我们经验中的一般意义上的艺术。因此，一方面它极为封闭，这套方法或模式可能只适用于汉画像或两汉艺术；另一方面它又非常开放，扩展了艺术和艺术史的边界。这也是我要谈的第三个问题：这是艺术的历史，还是"艺术即历史"？

三、艺术的历史，还是"艺术即历史"？

缪老师在书中多次提到方闻先生生前最后一本书《艺术即历史：书画同体》（2021），这也是他中文全集总序的标题。其中也评论了罗越 1953 年提出的"可靠的风格序列"："这样的序列由于缺乏纪年的例子而无法自我证明，只有当一个风格是清晰可见时，并且当序列站在发展的起始时才可能出现。"（缪哲 2021，4）他所谓的"时代风格"之真迹序列（即艺术原作之形式风格的传承）就是在此基础上提出来的。当然，方先生并不满足于此。在此基础上，他又提出了"汉唐奇迹"一说。缪老师也曾多次提到，方先生提出的"时代风格"和"汉唐奇迹"这两个概念直接影响了《从灵光殿到武梁祠》一书的写作。他敏锐地发现了劳榦"纹样与状物"一说，并由此将方先生所谓的"汉唐奇迹"，即"模拟再现"（即"状物"）追溯到两汉之际。[7] 除此，在研究方法上，缪老师的这本书显然也不止于"时代风格"，而是探察这一"时代风格"形成的结构性动因和过程，他的目的是复原两汉集体艺术与认知的整个装置系统。

这恰恰说明方先生所谓的"艺术即历史"和缪老师所谓的"艺术即历

---

[7] 方闻在《超越再现》（2011）一书中聚焦宋元文人画是如何超越"叙事性再现"（绘画）的，不妨将其视为"宋元奇迹"。

史"还是有一定差异和分歧的。方先生相信有一个艺术本体,而且这个艺术本体是向历史敞开的。缪老师并不做艺术本体的承诺,他眼中的艺术只是历史认知系统中的一个环节,顶多是其中的一个"索引"或一个引擎。这里的艺术有双重含义:它既是历史运作的产物或结果,也是历史运作的"代理者"。这一点尤其体现在像"武梁祠"这样的汉画像中,因为其本身就是历史集体认知的结果,天然地具有"时代风格"。

因此,在方先生那里,"艺术的历史"(history of art)不见得完全等于"艺术即历史"(art as history)。而在缪老师这里,"艺术的历史"就是"艺术即历史"。[8] 在这个意义上,缪老师此书看似回到了潘诺夫斯基那样的经典艺术史研究,但其实非常当代,因为该书拓展了我们对艺术和历史的认知。但问题也在这里。就像潘诺夫斯基的图像学及其智性结构和透明性机制所遭遇的质疑一样,缪老师这本书同样过于智性和透明。可是,即便抛开内在的审美和人文要素,也不能保证图像和文献中没有误读和偏差,不能保证里面不存在不透明的部分。就此而言,一方面缪老师填补了很多不可见的缝隙,另一方面当他使用"功能机制"的视角探讨类似"西王母"这样的不透明的神话、宗教母题的时候,又不得不戛然而止。换句话说,"功能机制"这一视角恰好阻断了我们对于类似神话、宗教母题的过度想象和解释。在这里,它只是一个有着具体功能的既存事实或符号,对它的意涵似乎无须做过多的阐发。

---

[8] 简单而言,"艺术的历史"更强调艺术自身的历史,虽然不能说艺术就是绝对自足的,但它的确存在超越历史语境的部分,这也是它与"艺术即历史"的区别所在,后者主张艺术就是历史的产物,它无法脱离历史的语境而独立存在,也不存在超越历史的可能。

【参考文献】

缪哲著，2021，《从灵光殿到武梁祠：两汉之交帝国艺术的遗影》，北京：生活·读书·新知三联书店。

缪哲、郑诗亮，2021年10月31日，《缪哲谈中国绘画传统的诞生》，《上海书评》，https://mp.weixin.qq.com/s/B0e7xRgnxuB0NmQCgP0q6Q，2023年6月26日登入。

方闻著，李维琨译，2011，《超越再现：8世纪至14世纪中国书画》，杭州：浙江大学出版社。

方闻著，赵佳译，2021，《艺术即历史：书画同体》，上海：上海书画出版社。

巫鸿著，岑河、柳扬译，2006，《武梁祠：中国古代画像艺术的思想性》，北京：生活·读书·新知三联书店。

[瑞士] 海因里希·沃尔夫林著，洪天富、范景中译，2015，《美术史的基本概念：后期艺术风格发展的问题》，杭州：中国美术学院出版社。

[美] 欧文·潘诺夫斯基著，戚印平、范景中译，2011，《图像学研究：文艺复兴时期艺术的人文主题》，上海：上海三联书店。

Gell, Alfred. 1998. *Art and Agency: An Anthropological Theory*. Oxford: Clarendon Press.

和平祭坛与灵光殿

陈 亮[①]

我发言题目中的"和平祭坛",在缪哲老师的《从灵光殿到武梁祠》一书各章中多有提及,在此我再展开一下,并将从奥古斯都意识形态建设的角度对它的图像程序、风格及其在城市景观中的位置作一相对集中的论述。"灵光殿"的壁画虽已不存,择它入题,一方面是呼应缪老师书中的主题之一,即帝国/皇家的艺术如何下渗入中下阶层的艺术;另一方面则是赞同他对艺术史研究中"不在"的重大艺术品所给予的充分关注[②]。一实一虚,一外一中,我的报告也相应分为两部分:第一部分谈奥古斯都统治合法性的视觉建构,第二部分谈下渗与格套。除此之外,我还想在末尾提两个小

---

① 陈亮,中国美术学院艺术人文学院副教授,曾参与海德堡大学跨学科项目"仪式动力"、海德堡学术院"中国佛教石经"项目,学术领域集中于汉唐之间的宗教与艺术、丝绸之路上的跨文化艺术史、德语区艺术史学派的研究和翻译。

② 缪老师在其导言部分强调了这一点:"除上举的宫殿、陵寝、墓祠外,文献记载的东汉绘画空间,尚有东汉的官府,其中多绘有本地良吏形象。这类形象,或也促进了墓祠画像概念的普及。又从材料而言,与汉代艺术研究形成鲜明对比的,是古罗马艺术的研究。盖后者拥有两类不同的材料:1)国家资助的帝国艺术与贵族资助的精英艺术。2)中下层平民艺术。两类材料的并存,迫使该领域的学者不得不关注二者之关联……与此不同的是,汉代宫廷或上层艺术罕有遗迹,考古所出的绘画,多为中下层平民的墓葬艺术。由于前者的'不在',汉代艺术的研究便仅关注中下层(以汉画像的研究为甚),对二者间或有乃至'必有'的关联,总体上犹缺少意识。"(缪哲 2021,413,注53)

问题与缪哲老师商榷，一是关于祠与墓的图像程序的复杂性，一是关于状物的起源。

缪哲老师在书中多处引用赞克尔（Paul Zanker）著作《奥古斯都时代图像的力量》（*The Power of Images in the Age of Augustus*）的英译本（Zanker 2002），其原作题为《奥古斯都与图像的力量》（*Augustus und die Macht der Bilder*，1987），更加突出奥古斯都在其合法性的视觉建构中的个人意志和能动作用，与王莽的平行性也更加显著。和平祭坛在奥古斯都的一系列纪念性建筑的建设中占据特殊地位，不仅因为其图像程序之复杂，也由于它在罗马城中所处的位置。和平祭坛分为内外两部分：内部是台座上的一个石祭坛，用于献血祭，坛台周围有献祭牲的浮雕；外部包括一个台阶连着的高起的平台，四面是约4米高的大理石围墙，围墙内外皆饰满浅浮雕，分上下两个条带，原本皆着色。入口台阶两面的上层浮雕，左面主题为母狼哺乳罗慕路斯和雷穆斯（Romulus and Remus），右面主题一般被认为是埃涅阿斯（Aeneas）携父子逃出陷落的特洛伊城后，一路漂泊，最终抵达意大利半岛的拉丁姆（Latium）地区，上岸以后向神后朱诺献祭的情形。与献祭浮雕相连的右侧面浮雕上有祭祀游行行列中的奥古斯都、皇室成员和一干重臣如阿格里帕（Agrippa）的形象；与母狼浮雕相连的左侧面浮雕上是类似的祭祀游行参与者形象，包括诸多孩童。所有的游行参与者皆朝向祭坛入口的方向行进。与入口相对的那一侧有另两幅神话题材的浮雕，当观者面对它们时，左侧浮雕为一片富饶景象中的女神像，其身份尚存争议，或曰和平女神，或曰地母特勒斯（Tellus），一说乃意大利的化身；右侧浮雕则明确是罗马城的化身，即罗马女神，其形象头戴战盔，身体半裸，盾牌斜倚在脚边。围墙下层浮雕是郁郁葱葱的茛苕纹，其中有蜥蜴、游蛇出没，鸟儿筑巢其间，一派富饶景象。围墙内圈的浮雕与祭祀主题关系更紧密，装饰有牛头、花圈、饰带和献祭用的圆形浅盘等。和平祭坛建于公元前13年至公元前9年间，它的浮雕传达的信息丰富而清晰：第一公民兼最高祭司奥古斯都平息了内战，为罗马人民带来了和平和繁荣，其功绩可比拟罗马人的远祖埃涅阿斯以及罗马城的奠基者罗慕路斯和雷穆斯兄弟。

和平祭坛，公元前9年，罗马。Steven Zucker 摄影

和平祭坛位于战神之地（Campus Martius），一边是蜿蜒流过的台伯河，另一边则是从北部进入罗马城必经的主干道弗拉米尼亚大道（Via Flaminia），其入口台阶正对着奥古斯都日晷，不远处则是奥古斯都的陵墓。奥古斯都本人曾在其回忆录中提及建立和平祭坛的因由。当时他从西班牙和高卢凯旋，元老院提议在战神之地建立和平祭坛，便于执政官、祭司们和维斯塔贞女们每年在此献祭。[3] 元老院的提议深合奥古斯都之意，很可能事先得到了他的授意。根据罗马创始神话，战神之子——双胞胎罗慕路斯和雷穆斯兄弟被遗弃于台伯河中，装有他们的篮子被冲上岸后，一

---

[3] 参见《奥古斯都神的功业记》（Res Gestae Divi Augusti）第12条，这是奥古斯都陵墓内的一篇铭文，被刻在青铜柱上，是奥古斯都生平及功业的第一手记录。具体文本可见维基文本计划：https://la.wikisource.org/wiki/Res_gestae，2023年6月登入。

头母狼为兄弟二人哺乳，直到牧羊人发现他们。长大成年后，兄弟二人以帕拉丁山为中心建造了罗马城。战神之地——这个早先位于台伯河和罗马城之间的地块，后来成为罗马历史上最后一个埃特鲁里亚国王苏培布斯（Tarquinius Superbus）的领地，他将之献给了战神。此地中央曾立有一座献给战神的小祭坛。罗马共和国时期，每五年一次的人口普查期间，罗马公民聚集于此。罗马男子在出发征讨其他部落、城邦前或举行重大宗教仪式时，也都在此圣地集合。连年征战的胜利，为罗马人带来巨量的财富和自豪感。凯旋游行成为展示战胜的将领及其家族获得荣誉和权力的绝佳舞台，也是获得民心的重要机会。拂晓之时，凯旋队伍在战神之地集结，途经几个重要站点，最后到达目的地卡比托利欧山（Capitoline Hill）上的神庙。游行的路线不过4公里，然而游行队伍有时比这个距离更长，因此经常行进缓慢，游行时间有时可达3天，甚至更久。奥古斯都统治时期，战神之地成为罗马城的一部分。在和平祭坛建造之前，此地的建筑多为临时性的。选择在此地建造祭坛，显然有意将这个地点与罗慕路斯和雷穆斯兄弟的传说、罗马人作为战神的后裔、罗马人持续的军事胜利和自豪感，以及罗马人最为看重的凯旋游行联系起来。在这个地点为奥古斯都建立唯一一座大型的石质祭坛，就是希望将这个地点具有的历史记忆永久地凝结于此祭坛之上，从而使奥古斯都的功绩和形象植根于罗马人民共同的历史记忆之中。

和平祭坛作为奥古斯都统治合法性视觉建设的一环，是与其他相关的纪念性建筑一同起作用的，其中最重要的包括奥古斯都广场中的复仇者玛尔斯神庙（Temple of Mars Ultor）和万神殿（Pantheon）。作为奥古斯都广场上的主要建筑，复仇者玛尔斯神庙中所立的祭拜像对于整座广场传达的信息至关重要。研究表明，这很可能是一组三个雕像构成的组像：中立者为身着铠甲、持矛与盾的战神玛尔斯；左边为优雅站立的爱神维纳斯，其脚边有小爱神；右边为一裸身站立的王子形象，当为神化了的恺撒。通过将恺撒神化，奥古斯都使自己的统治合法性具有了神性的基础：他是恺撒的侄子和养子，因而是神的传人。不仅如此，奥古斯都广场紧挨着恺撒广场，而恺撒广场的中间建筑是始祖维纳斯神庙（Temple of Venus Genetrix），其中供奉的主神是爱神维纳斯。因而复仇者玛尔斯神庙中所立的维纳斯雕像在视觉上提醒着观者二者之间的联系，即尤利乌斯家族乃是维纳斯的后裔，而奥古斯都作为恺撒的养子也以维纳斯为始祖。

这种统治合法性的视觉建设在万神殿上体现得更加显著。根据现有的研究，圆形万神殿由阿格里帕始建，用以纪念奥古斯都在公元前31年亚克兴战役中的胜利，随后又在114—125年间由图拉真和哈德良出资重建。活跃于公元2世纪末3世纪初的历史学家迪欧（Cassius Dio, ca. 163-ca. 235）在其《罗马史》（$Ρωμαϊκὴ ἱστορία$）中写道："他（阿格里帕）完成了被称作万神殿的建筑。它之所以得此名称，也许是因为在装饰它的图像中有许多神的雕像，包括玛尔斯和维纳斯；但在我自己看来，这得名于它的拱顶就像天一样。阿格里帕则希望在那里也放置一尊奥古斯都的雕像，并以他的名字命名此建筑。但奥古斯都对这两项荣誉都没有接受，于是他（阿格里帕）在神庙中立起已故的凯撒的雕像，并在前厅放置奥古斯都和他本人的雕像。这样做，并不是因为阿格里帕为了竞争，或他有野心要使自己与奥古斯都平起平坐，而是因为他对奥古斯都的衷心忠诚和对公共利益的一贯热忱。"（迪欧 1971，263-265）由此可见，阿格里帕设计的万神殿较之和平祭坛，在合法性视觉建设上更进了一步，其将奥古斯都雕像与神化的恺撒像和玛尔斯像、维纳斯像放置在了同一座神庙中。

和平祭坛、复仇者玛尔斯神庙和万神殿这三者不仅以图像语言颂扬奥古斯都的功绩和他神族的家世，而且都位于凯旋游行的路线之上。由此，奥古斯都统治的合法性得以与地点的神圣性和罗马的历史记忆编织在一起，变得牢不可破。类似的视觉建构也发生在汉代的长安城，尤其是在王莽掌权时期，只是在那里，统治正当性的视觉建构依据的是儒家的意识形态，因而所建成的新的礼制建筑以及由此形成的城市景观也与此不同。奥古斯都有一位能干的"宣传部长"——阿格里帕，奥古斯都的诸多重大纪念性建筑的营建背后都有他的身影，正是他将泥巴建成的罗马城变为大理石质地的城市。与之相似，王莽也有一位意识形态总管——刘歆。作为国师，他在王莽篡位过程中发挥了重大作用，其中无疑也包括合法性的视觉建构。

在《铄古铸今：考古发现和复古艺术》（2005）一书中，李零先生指出，历史上的复古艺术，其典型个案可能包含三个步骤：首先是考古（发现古代）；其次是仿古（对古物的复制和模仿）；最后反而是变古（对古代艺术风格的再创造）。变古的现象在和平祭坛上有明显的例证。乍看之下，和平祭坛上的献祭者行列风格上颇类于帕特农神庙檐壁上参与祭礼的人物浮雕，然而仔细审视后就会发现，前者人物的面部特征并非全然青春盎然、毫无皱纹。相反，一些男性脸上明显可见岁月的印痕，这是罗马艺术自身写实主义（verism）风格的余绪。[④] 此外，奥古斯都的头发也并非如帕特农神庙上那样平顺服帖，而是额头正中间的部分分为一绺一绺的，并不安分地相互交叠着。这不是菲狄亚斯时期严肃风格的特征，而是希腊化时期亚历山大大帝的雕像在奥古斯都身上留下的回响。由此可见，和平祭坛浮雕的艺术风格是杂糅的，以严肃风格为主，同时掺入了罗马传统的写实风格和希腊化时期的艺术风格，此乃对古代艺术风格的再创造。

下面要讨论的是下渗的问题。缪老师将已不在的灵光殿和尚在的武梁祠并列，是想讨论皇家艺术下渗与格套的问题。导言中另一段尤其可以看出这一点：

[④] 写实主义作为一种风格，其特点在于强调面部的每一处因岁月和生命的无常而留下的印痕。

恺撒胸像、奥古斯都雕像头部对比。引自 https://smarthistory.org/augustus-of-primaporta/

"我这里并不是暗示汉代艺术的研究可普遍套用古罗马艺术研究所称的'下渗说'（the trickle-down hypothesis），即中下层平民的艺术，乃国家资助的帝国艺术与精英艺术层层下传而得的'麻沙本'（笔者注：原文作"麻砂本"）[5]……尽管如此，我仍认为汉代艺术必有与罗马（或任何古代社会）类似的'下渗'现象，虽然今存的平民墓葬艺术哪些是上层下渗的结果，须根据具体的历史情景确认……另需补充的是，'下渗'并不意味着平民有意采用上层艺术，借以效法其品位或价值，而只意味着上层艺术的某些内容在流入民间工匠之手后被标准化了。在平民眼中，它也许只是一种与阶级无关的图像格套而已。"（缪哲 2021，413，注 52）

而探讨罗马艺术中帝国艺术与平民艺术之间的关联，可以庞贝城的两幅壁画为例。它们画在庞贝的一家漂洗坊的外墙上，左边画着肩扛战利品的罗慕路斯，右边画着逃离陷落的特洛伊城的埃涅阿斯，他身上背着老父亲安喀塞斯（Anchises），右手牵着儿子阿斯卡尼俄斯（Ascanius）。所画人物面部表情僵硬，着色近乎单色，画风简率，显然省略了不少细节。根

---

[5] "麻砂本"应为缪哲笔误，此处笔者修改。

据现存的对罗马城奥古斯都广场上装饰的描述，这两幅画是基于在那里占据显要位置的两组著名雕像绘制的。然而没有理由认为庞贝的这位民间画师是直接按照罗马城原作绘制的。更有可能的是，他依据的是庞贝城优玛奇亚楼（Building of Eumachia）⑥外刻有铭文的基座上方立着的那些雕像，而这些雕像很可能与其铭文一样，是罗马城奥古斯都广场上雕像的复制品。在庞贝漂洗坊的壁画下方有一则铭文："我不歌唱武器与人，我要歌唱漂洗工和夜猫子。"（Fullones ululamque cano, non arma virumque.）这明显是对维吉尔《埃涅阿斯纪》（Aeneis）的开篇"我歌唱武器与人"（Arma virumque cano）的戏仿。

庞贝的例子显示了从罗马的皇家雕像到地方平民壁画的变化中，一组图像从上至下逐层"渗透"可能的途径是如何的。其中经历了媒介的转变，图像的简化和变形，以及图像意义的转换。皇家的雕像从罗马传到庞贝中心广场的主要建筑前时，或许有粉本流传，甚至有工匠从罗马旅行到了庞贝，毕竟二者之间相距不过240公里，而且庞贝通过赞助、支援、保护的纽带，与罗马精英中的高层人士有着密切联系。⑦然而，从庞贝城公共建筑前的雕像复制品到漂洗坊的壁画，却未必有粉本作为中介，很可能是一位二三流的当地艺术家根据自己在庞贝城的目之所见创作的近乎速写式的壁画。这样一种对作品构图笼统的整体概括，或许可以对应缪老师所称的"图像格套"。

我以这一例子想说明的是，在皇家艺术的"范本"已经不存的情况下，

---

⑥ 由女祭司优玛奇亚出资建造，可能用于当地布商行会的会所。
⑦ 缪老师对于渗透的层级结构和工匠流动性也有过相应的思考："我并没有暗示民间祠堂受皇家陵寝装饰的影响须经过公卿祠堂为中间环节。这个环节虽然'可能'，然而'不必'。因为工匠是跨阶层性的。"（缪哲 2021, 413, 注50）相应地，缪老师也提到汉代艺术中汉画像石的分布集中地区与当时的京畿地区皆有密切联系："按汉代祠墓画像集中于1）山东、苏北、皖北，2）以南阳为中心的河南，3）以成都平原为中心的四川，以及4）陕北。……要之，上述地区平民祠墓画像的集中涌现，皆可由其与上层乃至皇家艺术的直接或间接关联获得解释。"（ibid., 416, 注99）

庞贝城一处染坊入口处左右两侧的壁画，分别绘罗慕路斯和逃出陷落的特洛伊城的埃涅阿斯（背负着老父，手牵着儿子）。Spinazzola V. 1953. *Pompei alla luce degli Scavi Nuovi di Via dell'Abbondanza (anni 1910—1923).* Roma: La Libreria della Stato, Tav. XVII

从现存的地方艺术来反推其可能的样貌存在诸多障碍。再以李善的故事为例，武梁祠上的图像现在仅残存画面右侧的成年男子、中央的篮筐和其中的婴儿。婴儿头部上方有残留榜题，据《隶释》和《金石索》的线描图，完整的榜题当为"李氏遗孤，忠孝李善"。篮筐左边原本刻画有一跪地作揖的戴冠男子，当为李善。根据黑田彰的研究，对照现存日本的《孝子传》，武梁祠李善图描绘的当是阳明本之"善乃历乡邻，乞乳饮哺之"，即右侧的人物并非李元家的恶奴婢，而是处于哺乳期的邻家妇人，因而推测阳明本《孝子传》正文极可能继承了汉代《孝子传》正文（黑田彰 2015）。李善故事的另一个东汉时期的图像版本见于乐浪郡汉墓出土的彩箧。画面上左右两个屏风将四个人物与其他孝子故事隔开，可以认为它们属于同一主题，其榜题分别为"善大家""李善""孝妇""孝孙"。但这个画面表现的不再是襁褓中的小主人，而是其长大成人后的样貌，只是发式依旧是孩童样。除此之外，"孝妇""孝孙"并不属于李善故事中的核心人物，当是地方版本中衍生出来的。这两个版本都制作于东汉，但差异甚大，这提醒我们，即使孝子故事的内核相同，但不同地方流行的图像版本也会存在较大不同。换言之，它们所依据的粉本不同。假设这些粉本最终都指向皇室制作的最初的粉本——范本，则在它流传的链条和网络中，在一层层被接受的过程中，产生了诸多不同的粉本。这些粉本不但可能增删人物，而且表现的故事主要情节可能都不相同。尽管如此，在方法上由中下层艺术反推皇家艺术并非不可行，因为编纂《孝子传》《列女传》文本的正是刘歆的父亲刘向。目前所见孝子画、列女画都是成组出现的，难以想象其最初的创作者是各地民间工匠。将这样成套图样的设计者归于朝堂的意识形态总管刘歆及其父亲刘向，显然更为合理。

最后，我还想就两个小问题与缪哲老师商榷。其一是祠与墓的图像程序。缪老师在导论提到："如巫鸿因过分强调墓葬艺术的独立性，以致把死后世界的观念及墓葬艺术的设计方案想象得过分复杂。……罗马艺术权威赞克尔在讨论罗马石棺的图像方案时，也依据罗马'简朴'的'大象其生'原则总结云：就通例而言，这些丰富的图像并不意味着有一套'复杂的方案'（sophisticated programme）；在多数情况下，无论内容还是形式，它们都只是根据一个极为简单的原则来安排：使之象（生人住所）室内的壁画而已。"（缪哲 2021，416，注 97）

地上的祠与地下的墓的图像程序之间无疑存在关联。就罗马石棺而言，赞克尔的意见是一个极其简化的论述，因此引用他的观点本身也会带来问题。实际上，不但不同的石棺浮雕差别极大，而且它们经常并非生人住所室内壁画的翻版。例如阿米忒努姆（Amiternum）的石棺上表现的是送葬行列和为葬礼而举办的角斗士表演，很难想象生人住宅会以此为装饰题材。又如哈特里（Haterii）石棺上同时表现了死者生时和死时的形象，这种并置恐怕也难以出现在罗马人生宅的壁画中。

缪老师在第八章中令人信服地指出，"蒲慕州认为神仙、祥瑞类主题也是专为墓葬而设的。由本文对灵光殿壁画内容的分析看,其说不确"(ibid., 472,注44)。不过,蒲慕州先生在《追寻一己之福》(2007,237–246)中,已充分论证了中国古代民间信仰与希腊罗马宗教、犹太-基督教传统的相异之处,并且表明中国汉以前,尤其是汉代墓葬中所体现的死后观念之清晰,在世界宗教上是罕见的,略可与之比较的是埃及的墓葬壁画和葬仪文书。我对汉代告地书、买地券、镇墓文、镇墓符箓的研究也显示,汉代人的生死观与秦汉帝国的基层社会结构具有极其紧密的联系,而汉代的基层社会与希腊罗马的则颇为不同。因此,根据罗马石棺的图像方案来类推中国墓葬艺术所反映的死后世界观念及墓葬艺术设计方案的复杂性时,恐怕应该考虑到二者葬仪文书的不同。

李善图,武氏祠拓片及《隶续》摹本。
转引自黑田彰:《孝子传、列女传的图像与文献》(2015)

其二有关状物的起源。缪哲老师认为,"如果不计欧洲旧石器时代的岩洞壁画,世界各主要文明自新石器时代以来的艺术,便都是以抽象的纹样为开端"(ibid., 410,注2)。其所引之书(Groenwegen-Frankfort 1975)是这个领域颇为经典的著作,然而其出版年代较早,而且对于近东文明的论述以城邦文明(如苏美尔文明)的出现为开端。而近几十年来的考古发现，使得人们已经对新石器时代开端至苏美尔文明产生以前的这一段历史有了更为充分的认识。例如在土耳其地区发现的"肚丘"（Gobekli Tepe），断代为公元前10000年，学者们认为它是在狩猎文明向农耕文明转变过程中的一个祭祀中心。那里矗立着诸多巨大的石碑，上面刻有颇为抽象的人形浮雕，同时也有多种写实的动物浮雕。由此看来，新石器以来的艺术是起源于抽象纹样还是状物，尚有可以探讨的空间。

总体来说，缪老师的新著从帝国艺术的角度，贯通地理解汉代上下层艺术，格局宏大，创见迭出，我对此书的出版表示衷心祝贺。

【参考文献】

缪哲著，2021，《从灵光殿到武梁祠：两汉之交帝国艺术的遗影》，北京：生活·读书·新知三联书店。

李零著，2005，《铄古铸今：考古发现和复古艺术》，香港：香港中文大学出版社。

蒲慕州著，2007，《追寻一己之福：中国古代的信仰世界》，上海：上海古籍出版社。

[日] 黑田彰著，宋歌、尼倩倩译，2015，《孝子传、列女传的图像与文献》，《中国典籍与文化》第1期：103–110页。

Cassius, Dio, Earnest Cary and Herbert B. Foster (trans.). 1917. *Roman History, Volume VI: Books 51–55*. Cambridge (MA): Harvard University Press.

Groenwegen-Frankfort, Henriette A. 1975. *Arrest and Movement: An Essay on Space and Time in the Representational Art of the Ancient Near East*. Cambridge (MA): Harvard Belknap Press.

Zanker, Paul. 1987. *Augustus und die Macht der Bilder*. München: C. H. Beck.

——. 2002. *The Power of Images in the Age of Augustus*. Ann Arbor: University of Michigan Press.

当艺术史遭遇社会学
评《从灵光殿到武梁祠》

孙砚菲 [①]

  缪哲教授新作《从灵光殿到武梁祠》是极具野心之作。毫无疑问，它将是中国艺术史写作的里程碑式著作。它不仅对汉代画像石进行了研究和解读，且试图回应一个特别宏大的艺术史问题，即中国绘画传统从纹样向状物的范式转换。和大多数艺术史著作不同，此书提供的并不单单是从某一个视角出发对画像石艺术提出某种解读，而是提出了一个"为什么"的问题，即为什么这一艺术范式的转型发生在两汉之交。因而，缪哲的这一"大哉此问"不仅是一个艺术史的重大问题，也进入了历史社会学和知识社会学的范畴。并且，他并没有止步于提出问题，而是为回答这一问题提出了一个自成一体的解释框架，进行了严密的论证，更援引涂尔干和莫斯等社会学家/人类学家的观点。可以说，此书的发问、写作框架、论证手法、视角和理论，到处都可见社会科学的影子。这是社会学家对这一跨学科的

[①] 孙砚菲，浙江大学社会学系长聘副教授，在《美国社会学杂志》《社会学研究》等期刊发表多篇论文，主要研究领域为历史社会学、宗教社会学。

重量级著作大感兴趣的原因，也是本次研讨会的缘起。

书中指出，状物绘画虽然源于春秋战国之交，然而战国时期艺术受楚风主导，始终未能摆脱纹样的倾向，因而摇摆于纹样和状物之间；汉初则因好楚风、崇黄老，延续了以纹样为主的艺术风格。从纹样向状物转型的转折点发生在西汉中后叶。这又为何？按缪哲所说，"至西汉初中叶，或因形式的内在动力，由纹样向状物的转折，已进入了其破局点，唯一欠缺的乃'合法性的东风'"（缪哲 2021，9-10）。他的意思是，春秋战国到汉初虽为纹样到状物的转变积聚了势能，但状物成为艺术传统的主导尚需一大外力的推动，这一动力来自西汉中后叶的政治领域。

对于这一点，书中是这么进行论证的。首先，缪哲指出，作为泱泱帝国，汉帝国需要建立自己的帝国意识形态，这须借由叙事艺术来表达和呈现，而纹样艺术是不能够满足这一政治需求的。汉代的意识形态构建发轫于汉武帝，加速于成、元二帝，但让它获得飞跃式发展的是王莽。王莽为何大搞意识形态的构建？其一，作为篡位者，王莽面临巨大的合法性难题，需要从意识形态上解决它；其二，作为儒生，王莽具备很强的韦伯意义上的形式主义理性（formal rationality），他以强大的"专业性"来进行意识形态的塑造与推广。与轰轰烈烈的意识形态构建工作相呼应，王莽还推动了大规模的物质和视觉制作，包括从礼仪设施到钱币器物。新朝虽然短促，但王莽创制的艺术形式却为东汉君主所继承。

缪哲的以上假说主要解释帝王主导的政治何以成为艺术风格向叙事转变的第一因，但尚不足解释这一帝国艺术风格为何成为更广泛社会的主导艺术形式，因此他在书中又提出了下渗理论。这一理论的要义是精英阶层所主导的艺术风格慢慢向外扩散，为更广泛的阶层所接受。经由下渗这一过程，帝王创制与推动的艺术形式成了两汉之交后的艺术主导形式。缪哲通过比对灵光殿的装饰主题和武梁祠的汉代画像石图样样式来为这一假说提供证据支撑。建于鲁地曲阜的灵光殿是光武帝驻跸处，亦是光武帝之子鲁王刘强的宫殿。鲁王身份特殊，其葬仪比齐天子，灵光殿的壁画艺术因此是帝国意识形态的再现。灵光殿虽早已灰飞烟灭，幸而东汉王延寿留下了《鲁灵光殿赋》，后人可以据此来重新构建灵光殿的装饰主题。汉画像石则主要出自中下阶层的墓葬设施，鲁中南是其集中分布的地区之一，武梁祠画像石正是这一系画像石的典型代表。通过这两相对比，缪哲试图揭示帝国艺术与中下层社会艺术之间的勾连。他发现，山神、海灵、祥瑞、古代帝王、忠臣孝子烈士贞女这些展现帝国意识的装饰主题，灵光殿有，武梁祠亦有。他进一步揭示了武梁祠所有而《鲁灵光殿赋》未载的如楼阁拜谒、车马出行、大树射雀、狩猎、庖厨-乐舞-共食、捞鼎等图像主题，也是帝国意识的体现：楼阁拜谒、车马出行展示的是君王的仪式身体，狩猎、庖厨-乐舞-共食象征的是君王功业，大树射雀表现的是光武复汉，捞鼎表达的同样是天命复得的寓意。进一步地，缪哲通过对武梁祠画像石的分析来揭示王莽在形塑汉代艺术中扮演的重要角色，以及证明王莽推动的艺术形式已然渗透到民间。他对以下三点进行了论证：其一，至少三种祥瑞图样可能始作于王莽时期（缪哲 2021，353）；其二，"孔子见老子""周公辅成王"图像背后的意识形态乃王莽所造；其三，西王母图像能成为汉代图像志的经典主题，有赖于王莽为之注入政治及意识形态动力（ibid., 123）。缪哲由是总结：两汉之交，与帝国意识形态的构建相匹配而进行的视觉呈现工作，推动了状物或者叙事绘画在中国历史上的突破性发展，并通过下渗这一过程取代纹样成为绘画艺术的主流。

在论证的过程中，缪哲展示了他对图像抽丝剥茧、洞幽察微的解读能力。对武梁祠画像石图像的解读可谓汗牛充栋，且有巫鸿教授珠玉在前，但是缪哲的多数解读更符合历史情境，且与理论互证，因而更具说服力。更让人钦服的是，他能将这种种解读连成一片，最后回应的是中国古代艺术范式转型这一大问题。这本书的发问方式与解释都非常社会学,是真正的跨学科之作,以至于我能从一个社会学者的角度来研读此书。下面分享的是我在研读的过程中产生的一些疑问。

首先是关于此书的被解释变量(explanandum),即汉中叶之前的艺术表现以纹样为主,其后才向状物转变这一被解释的现象能否确凿地成立,我觉得尚需更严格的论证。我的考虑主要有二点。第一,我们需要考虑作为艺术载体的材料在可保存性方面的差异对这一结论的影响。比如,作为纹样艺术载体的鼎更易留存,而可能是状物艺术载体的壁画、帛画之类的东西更易毁坏。秦代咸阳宫本有壁画,但因宫殿被项羽付之一炬以致后人无缘一睹真容,然而从仅存的残片看,尚能辨认出秦王出行车马、仪仗等题材以及车马、人物、花木、建筑等形象,其中保存最好的驷马图,形象栩栩如生。材料保存性方面的差异会不会导致考古发现的汉中叶之前的文物中纹样传统被高估,而状物传统的普遍性和重要性被大大低估?第二,在雕塑方面,西周时期青铜器已经出现状物倾向,状物的雕塑在春秋战国时已经普遍出现。见过了子仲姜盘与晋公盘中的小动物(图1、图2),谁会怀疑其时匠人状物的能力呢?此外秦俑中的人俑姿态、面容与表情各异,

图1 子仲姜盘,春秋时期造。上海博物馆藏

公共论坛

可见当时雕塑方面的状物能力已经高度发达。既然三维艺术已经是非常状物写实了，与之相应的二维艺术会不会也有相应的发展，只不过因为它的载体保存性比较差而没有留存下来？充分考虑这两个因素后，我们还能确定地说从传统纹样向状物传统的转变发生在两汉之交吗？

图 2 晋公盘（局部），春秋时期晋国所造。山西博物馆藏

其次，我的另一个比较大的疑问是，除了政治，宗教是不是应当被视为状物或叙事绘画发展的另一大驱动力？缪哲此书反复强调的是儒家意识形态塑造是艺术形式发展的动力："盖向歆父子所开启、王莽至东汉初所奠定的经义叙事画传统，恰是以压制战国以来的装饰性、强化其叙事性为特征的。"（ibid., 104）然而，宗教也可以成为状物或叙事绘画的驱动力，这是各个古代社会中非常普遍的现象。具体到汉朝而言，各个阶层，尤其是精英阶层，都有追求辟邪祈福、死后飞升天界的强烈愿望，即蒲慕州所谓的"追寻一己之福"，鲁惟一（Michael Loewe）所谓的"追求长生之道"（quest for immortality）。这种强烈的宗教追求驱动了叙事绘画的发展。战国中晚期的"人物龙凤图"已经相当状物。汉墓马王堆帛画寓意引魂升天，状物叙事的倾向非常明显（图 3）。虽然马王堆帛画有强烈的装饰风

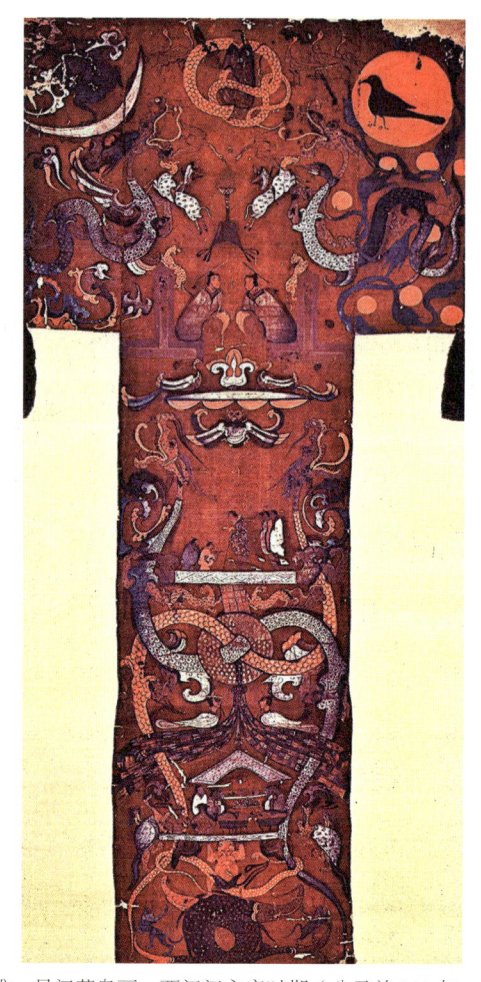

图 3 马王堆一号汉墓帛画，西汉汉文帝时期（公元前 202 年—前 157 年）

格，但这些装饰每一个都深具含意，都有具体指向。目前考古发现的最早的西汉时期壁画是洛阳卜千秋墓墓室壁画，主题是墓室主人夫妇乘仙鸟与龙舟向天界飞升。壁画中各路神仙的模样非常具象，可以据其特征来判断其是何方神圣。据巫鸿所说，该壁画里出现了目前所知最早的西王母形象（图 4）。

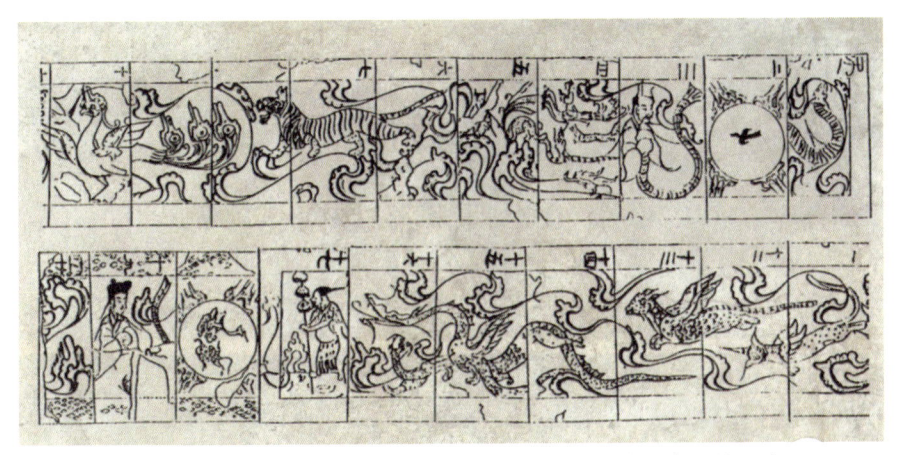

图4 洛阳卜千秋墓墓室壁画摹绘，西汉昭宣时期（公元前86年—前49年）

具体到西王母崇拜，我与缪哲的解读有些不同。对我而言，书中相关章节或有过度政治化解读之嫌。缪哲认为，王莽为提高其权力的合法性而神化其姑母——太后王政君，将西王母塑造成王政君在天界的对拓。正因王莽别有用意的大力推广，带动了西王母崇拜的流行，使西王母成为汉代经典图像的主题。然而，西王母崇拜在王莽前已经如火如荼，且曾引发大规模的宗教运动。[②] 我不得不问：王莽通过"蹭"西王母热度来提高王氏统治的合法性对于西王母主题成为汉代经典图像主题真有这么重要吗？还是说，无论王莽在与不在、做与不做，西王母崇拜的宗教洪流总会推动西王母成为汉代图像的经典主题？

[②] 《汉书·卷二十七下之上·五行志·第七下之上》关于此一宗教运动的记载为："哀帝建平四年正月，民惊走，持稿或棷一枚，传相付与，曰行诏筹。道中相逢多至千数，或被发徒践，或夜折关，或逾墙入，或乘车骑奔驰，以置驿传行，经历郡国二十六，至京师。其夏，京师郡国民聚会里巷仟佰，设张博具，歌舞祠西王母，又传书曰：'母告百姓，佩此书者不死。不信我言，视门枢下，当有白发。'至秋止。"参见维基原典文献《汉书》电子版：https://ctext.org/wiki.pl?if=gb&res=533615&searchu=%E5%93%80%E5%B8%9D%E5%BB%BA%E5%B9%B3%E5%9B%9B%E5%B9%B4%E6%AD%A3%E6%9C%88&remap=gb，2023年5月登入。

再次，我的另一个问题是关于缪哲书中的下渗理论的。我称之为"加强版的下渗论"。缪哲说："在古代社会，可称'唯一'的图像类型是很少的。大部分图像，都只是一套'标准样'的不同变化或适用……理解古代社会以及大多数前现代社会视觉表现的最大困难，在于我们很难想象在这些社会中，图像样式是一种至为稀缺的资源……而有资源、有能力'创样'的，往往是服务皇家或精英阶层的工匠……能获得这类图样的，又往往是有机会接近皇家或上层工匠的人"（ibid., 413，注 55）在他看来，在古代社会，艺术创新除了服务于皇宫或者精英阶层的工匠，很少有创新的源泉。他又说，"'下渗'并不意味着平民有意采取上层艺术，借以效法其品位或价值，而只意味着上层艺术的某些内容在流入民间共建之手后被标准化了。在平民眼中，它也许只是一种与阶级无关的图像格套而已"（ibid., 413，注 52）。在缪哲看来，平民在移植上层艺术的过程中并没有注入很多自己的意识或者意图，只不过是在挪用图像而已，因此我将他的下渗理论视为一种加强版的下渗理论。但是这里有几个问题。

第一，灵光殿中艺术的表现形式是壁画，武梁祠则是画像石。而据考古发现，画像石更多地存于中下阶层的墓祠中，于王陵中非常少见。这就意味着，画像石这一艺术形式更多是由中下阶层所创制的，也就是说中下层阶级也参与了艺术的创新过程。这就与缪哲秉持的下渗说相矛盾。

第二，加强版的下渗论与我所理解的两汉社会的多元性似乎不太匹配。两汉社会的精英阶层在皇族之外，尚包括诸侯、豪强、宗族、门阀氏族、富商巨贾、经生等，难道这些人在做家族墓祠时会任由工匠们移植、挪用皇室的图像主题，自己没有任何想法吗？在皇族之外果然就没有艺术创新的源泉与动力了吗？如果说巫鸿赋予了武梁以太多的能动性（agency），缪哲书中给予武氏们的能动性是不是又太少了？

第三，武梁祠的代表性问题。武梁祠所在的鲁中南地区之外，画像石在许多地区，如河南、江苏、四川、陕西都广有分布，它们之间在内容、风格、技法上都有地区差异性。即便我们能论证武梁祠画像石图样确是灵光殿所代表的宫廷图像的下渗，在没有考察其他地区的画像石图像前，我们恐怕依然不能说画像石图样就是对宫廷图像的挪用。

最后，结构功能论是贯穿缪哲整本书的一个重要理论视角。结构功能论往往解释"不变"：一个制度因为具备社会功能所以能够恒久存在。但缪哲这本书要解释的其实是"变"，是转折，是革命。所以在结构功能论外，缪哲的解释框架中不得不引入了关键行动者，让王莽这样的重要政治人物来推动结构变迁。在这个意义上，缪哲书中最重要的理论其实是大人物理论。然而，结构功能论和大人物理论之间存在非常大的张力。在书中，一方面这些大人物似乎是完全不受结构束缚的创造者，他们成了"低度社会化"（under-socialized）的行动者；另一方面，这些大人物又创造了高度结构化的后果，致使他们之下的各色人等，包括各路精英完全被结构所支配，呈现出"过度社会化"（over-socialized）。如何弱化结构功能视角，如何理顺结构与行动者能动性之间的关系，恐怕是缪哲在未来的写作中需要加以考虑的。

墓葬艺术的生产与再生产
工匠、文化图式与能动性

郦 菁[①]

我大约从十年前开始大规模接触中国古代史的学者，他们告诉了我这个行业的某种"职业秘密"：研究"上古"（商到秦汉）的学者可得的文字材料太少，目前主要靠考古材料，发挥余地受限；研究明代以来历史的学者，面临的问题却是文字材料太多，基本看不完；而研究"中古"（魏晋至隋唐）一段的，虽然有一些文字材料和考古材料，但又不够描绘历史的全貌，中间的逻辑漏洞全靠脑补，或者说靠"猜"。这当然不是贬低中古学者的学术性。恰恰相反，这是说对于中古学者来说，创造性联想与阐释十分重要，而这一领域也往往集中了古代史行当中最聪明的头脑。缪老师研究的时段是汉中后期，恰是从上古到中古的过渡。我从他的书中也感受到了一种和顶尖中古学者类似的创造性联想与阐释能力。特别是从书里一些详细论证中，我感受到缪老师仿佛获得了一种汉代人的"感觉结构"，可以通

[①] 郦菁，浙江大学社会学系百人计划研究员，纽约州立大学社会学博士，主要研究领域为历史社会学、知识与职业社会学。

过有限的材料与汉代人同思同想，同情同理。比如之前已有老师提示灵光殿的壁画早已湮没，那么从灵光殿到武梁祠之间的嬗递，就是缪老师的一个大胆而精彩的猜想。有那么一刻，我甚至觉得缪老师是不是穿越了，可以做一个"汉穿"主角。这在我有限的古代史的阅读中是罕见的，与很多艺术史作品仅限于拆解技术与提供历史背景介绍也很不相同。这是我读完此书最强烈的感受。这本书和现在史学界"证据周全，方可操觚"的风格不同，但又是基于"大胆假设，小心立论"的。这使我受到了很大的启发，也感受到了新鲜的空气。

接下来，我先和缪哲老师探讨一下困扰我的一些问题。按照此书开篇的说法，有一整套帝国艺术经过王莽的创制，光武帝之后被逐渐制度化，获得了新的功能，即作为"意识形态的塑造、呈现与推广的手段"（缪哲 2021，10）；由于从王莽到光武帝都依赖经生为其意识形态工程的主要支持者，而经学以叙事为主要策略，经学意识形态的呈现方式主要是拟像与叙事，艺术因此获得了很强的叙事动机。并且，王莽遭遇的合法性危机使其更强烈地投入意识形态工程与物质兴作，而新建构起来的图像志方案，"使得其无形的合法性辩说，获得了可见的形态；原粗鄙的、挑战观众认知的政治难题，也被物质所散发的美学光晕柔化并消解"（ibid., 13）。这套图像志方案也是一套完整连贯的修辞系统和语义结构，并于此后在不同层面的平民艺术（特别是墓葬艺术）中被调用。易言之，从王莽到光武帝这一时期最终奠定了中国古代艺术从纹样到状物的决定性转变。

但是，这一叙事本身也面临一些困境。首先，书中并没有对王莽时期新视觉方案的形成和扩展做详细的社会和政治史意义上的交代，也没有展现这一历史过程中艺术如何被不断生产和改造以逐步完成其新功能。这绝不是一蹴而就的。再回过头来看最近十年，我觉得中国也存在这样一个美学上升的过程，甚至可以说是发生了某种程度的"美学转向"。由于视觉技术的极大发展，我们似乎进入了一个图像的世界，图像正在代替文字，生产图像的知识分子正在代替传统写字的知识分子，获得前所未有的权力。这个过程肯定是有迹可循的。当然，写汉代的这段美学化历史，肯定会囿于材料的不足，但我相信总有一些历史的鳞爪，何况王莽的意识形态工程如此浩大。如果能更好理解这段转折，对理解我们的时代也是不无裨益的。

第二，缪哲老师之前讲到纹样可以象征，但不能叙事、不能言说。这一点我也略有疑问。实际上，正如鲁明军老师所说，纹样与状物也许并不能完全两分，缪老师在书中也举出了两者之间可能有的各种过渡形态（ibid.，图 III-V）。我想补充的是，纹样在某种情况下也可以叙事，或至少传达某种道德话语；而状物也不总是能够叙事。书中剖解了艺术从装饰到叙事的功能转变，但很快滑入了从纹样到状物的说法，这两者似乎并不能等同。我们可以进一步通过跨文明比较的视角把这个问题打开：是否还可以用其他方式来表达类似的研究问题？比如，某种艺术形式传递的是一种怎样的时间性？或者说何种时间观念？与何种道德观念与政治性联系在一起？比如，纹样当然可以表现一种静止的时间观，以体现宇宙秩序的永恒不变，但也可以体现循环的时间观。而状物可以表现一种静止的时间，也可以是流动的时间，用来体现某种道德话语。比如，伊斯兰艺术在很大程度上是反对具象的，因此不能描绘人物和动物形象，只能描绘植物和纹样，虽然这一禁令并不绝对，历史过程中出现过多次反复，在宗教场所之外也有不少造像作品。所以我们可以说伊斯兰艺术是抽象的，不是叙事的。但其背后有很强的道德话语。再比如20世纪初现代主义艺术开始用色块和线条作画，表达对人类抽象精神的信仰，以反对18—19世纪以来渐入窠臼的实证主义。康定斯基（Wassily Kandinsky）在《艺术中的精神》（2020）中进一步认为，艺术不需要作为媒介来再现（represent）特定的内容，其本身就可以传达某种精神意义。状物、具象的现实主义，在这些现代主义者

康定斯基,《构成作品 8》。纽约古根海姆美术馆藏

看来反而是一种极权主义。那么,这些作品是纹样还是状物,已经不重要了。

　　此外,从社会科学的角度来看,我们也需要思考,这一艺术的重大转折在意识形态工程的需要之外,是否还有别的动因,或者说有哪些替代性解释。比如艺术尺度的变化是否促成了上述转变?之前的纹样艺术大多出现在青铜器这样的礼器上,规模有限;而汉代的画像尺度极大增长,无论是用于生者的公共空间还是用于逝者的墓葬。这是否也会导致从纹样到状物的变化?此外,整个上古时期是否还有其他主要的艺术形式?其尺度和材料如何,主要是纹样还是状物?感觉在汉中后期的小型器物上,纹样仍然得以保留,是一种重要形式。当然,我对此毫无研究。最后,书中也讲到,这种新叙事风格的艺术肯定是在张骞凿空之后才制度化的。那么外来的影响是否、如何影响了艺术的表现形式?书的后面讲了灵光殿和武梁祠的例子,其中多有一些程式化的主题是外来的。

下面，我想重点讲一讲从灵光殿到武梁祠的嬗递流变，事关该书的最后两章。书中的观点是，位于今曲阜地区的灵光殿原是光武帝赐给其子刘强的，其中的主要装饰虽已湮没，但应为光武驻跸时所作，后来又成为刘强陵寝的装饰方案，并通过工匠的学习和扩散，被化用为附近普通社会中层的墓葬装饰。其中武梁祠就是一个典型，其与今山东其他地区保留的墓葬方案不尽相同。缪老师将之总结为"下渗理论"：匠人将皇家祭祀的主题内化于平民的语境，而在具体的实现过程中，这套方案会因空间、委托人不同等原因，被减省、妥协和改造，其意义来源的线索也可能会被破坏。这是缪哲老师和巫鸿老师的《武梁祠》（2006）一书分歧最大的地方。后者认为武梁祠的墓葬方案是墓主亲自参与设计的，体现了他的个人理念和精神世界，包括他对《史记》的偏好等，这在当时可以说是新潮而另类的。相比之下，缪老师认为，方案的主导者必然是亲属和宗族，因为墓葬与祭祀的空间是一个为生者集体展演（performing）的空间，而非逝者展示个性的空间。我承认巫鸿老师从艺术史的角度写作很有启发性，特别是他试图寻找艺术背后的行动主体（agent），尽管找到的主体并不一定是对的；但从历史的角度看，我更倾向于缪哲老师的解释。不过，这个逻辑链条中间还缺失了重要的一环。

如果我们相信下渗理论的话，其中一个最主要的行动主体，就是操作墓葬艺术的工匠，那么工匠是否可能成为考察对象？我想问的是，汉代是否有相关文献说明这些工匠的组织方式、工作状态与获得资源的管道？他们处于什么户籍状态？如果是官籍，那么他们有多大的自主性，是否可以把皇家的艺术方案和资源用于平民？如果他们处于工匠的户籍，是允许自由流动的吗？书中一个重要推论是这些工匠可能从属于一个工作坊，从曲阜移动到了附近地区（ibid., 339）。那么，在他们的作坊系统中，是否存在像标准图纸这样的一套高配方案，包括图样和空间分布的原则？是否存在多个类似的工作坊，从而可以据此粗略描绘当时设计方案的大概谱系？等等。历史材料是可以部分回答这些问题的。比如很多史料能说明，唐中期安史之乱之后，工匠、舞姬和其他类型的艺术家如何流散到各地，从而意外地促进了技术与艺术的传播及其在平民社会的崛起。敦煌艺术也是工匠从帝国中心旅行到边缘的结果，并在帝国崩溃后成为被埋藏千年的一道遗影，就好像大脑死亡后，末端神经仍在跳动。我相信也许有某种历史材料，比如某种形式的"合同"、委托书或诉讼材料等存在，可以说明这群人的状态。换言之，我想找的行动主体不是墓主，而是平民艺术的生产者与再生产者。我还希望看到的，是一种平民墓葬艺术背后的政治经济学。

缪哲老师在更早的一篇题为《以图证史的陷阱》（2005）的文章中曾指出工匠的保守性质，说明他们往往因循守旧，按照前一时期成熟的视觉方案来工作。因此用一个时期的视觉资料来说明当时的历史社会情状有可能是刻舟求剑。这一观点给我很大的启发。不过，我想补充的是，在艺术成为职业或至少是知识分子的专有之前，在很长的历史时期中，艺术与工匠的工作在中国并不能完全分开。到了明中期之后，知识分子和工匠有可能结合，由前者领导艺术创作，工匠也可能变成"文匠"（高彦颐 2022）。那么，汉代的墓葬装饰工匠是否有一定的能动性呢？他们是否可能在特定艺术模板的再生产过程中，重组视觉主题并重新创作呢？毕竟，以今天的观念来看，减省和改造也是再创作。此外，他们和知识分子到底是什么关系？在这个意义上，巫老师提的问题还是有意义的。

和这个工匠问题密切相关的是，从王莽到光武帝所创制的这一整套视觉方案背后的语义结构，是一种严格的结构吗？我更愿意将之理解为一套萨林斯（2003）意义上的文化图式（cultural schema）。这两者的区别在于，后者是一套可以部分拆分的要件，而不是一种严格的象征系统。文化图式需要在具体的社会生活中一次次被再生产出来，在此过程中可能发生转译（transposability），其结果有部分也许是未知的。[2] 实际上，该书中也写到了王莽时的谶语系统在之后的历史中被不时调用，尽管光武帝之后已经被禁止；"大树射雀图"也被工匠不断再创造。当然，我理解工匠甚至艺术家的自由度在大部分前现代时光是受限的。我曾看到现代艺术的重要源头之一——西班牙画家格列柯（El Greco）所创作的作品，因远超时代理念，被委托的教堂和赞助人拒绝接收。但是，这些作品还是在另一些地方保存下来了。所以，我相信汉代工匠们也可以有一些自己的议程，并以某种方式留下痕迹。他们的工作在不断生产和再生产帝国艺术的标准方案时，可能会发生部分转译，并溢出原有的意义系统。反之，用武梁祠来反推灵光殿的视觉系统时，我们也应当有所保留。

【参考文献】

[美] 高彦颐著，詹镇鹏译，2022，《砚史：清初社会的工匠与士人》，北京：商务印书馆。

缪哲著，2021，《从灵光殿到武梁祠：两汉之交帝国艺术的遗影》，北京：生活·读书·新知三联书店。

缪哲，2005，《以图证史的陷阱》，《读书》2005年第2期：140–145页。

[美] 马歇尔·萨林斯著，蓝达居等译，2003，《历史之岛》，上海：上海人民出版社。

[俄] 瓦西里·康定斯基著，范文澜译，2020，《艺术中的精神》，广州：岭南美术出版社。

[美] 威廉·休厄尔著，朱联璧、费滢译，2013，《历史的逻辑：社会理论与社会转型》，上海：上海人民出版社。

巫鸿著，岑河、柳扬译，2006，《武梁祠：中国古代画像艺术的思想性》，北京：生活·读书·新知三联书店。

---

[2] 有关这一点的展开讨论，请见休厄尔（2013）。而休厄尔的结构与文化理论，是以萨林斯为基础的。

社会力量和艺术范式转型
一个总结

赵鼎新 [①]

  本文的主要目的是从社会学的视角出发，针对前述评论中反复出现的一些问题做出总结和点评。随后，我将重点谈一谈结构功能主义视角的问题。但在进入这个话题之前，我先就缪哲著作的学科性质谈谈自己的看法。学科性质这一问题在不同场合针对缪哲著作的评论中都有出现，在前述六位学者的评论中虽然不是主流，但也有所涉及，具体说就是我们经常听到一种属于恪守"专业"的学者对那些"跨界"学者所特有的批评，以及与之相关的"这儿没说透""那儿我还想知道些什么""这儿忘了什么什么了""那儿忘了什么文献了"之类的说法。此类批评并不是没有意义，但背后折射出的倾向我不敢苟同。我先以自己为例。

  我在写《儒法国家》（2022）一书时，也看了大量与西汉黄老之学和两汉经学有关的著作，并且获得了不少心得。但是这些阅读和研究只在我的

[①] 赵鼎新，浙江大学社会学系系主任、芝加哥大学社会学系教授，主要著作包括《儒法国家》《什么是社会学？》等。

著作的第九章中才有所体现，并且只局限在非常有限的几页行文和脚注中，除此之外我一句话也不敢多写。为什么呢？这是因为我是社会学家，而《儒法国家》旨在对一些我个人认为有助理解长时段中国史和世界史都很重要的、发生在中国的历史现象做出解释。我所受的专业训练对我的要求是，绝不能为了展示知识而在著作中加入与自己的解释以及与解释相关的背景解读无关的内容。其结果就是，我的绝大多数针对具体历史的研究和相关阅读在《儒法国家》中都不见了。当然，这些工夫并没有白费。比如，这些研究和阅读对我的写作非常有帮助，它能让我更好地把握各个历史时代的风貌和各种历史场景，做出更好的学术判断，下笔更有分寸，并且更少犯各种属于软伤或硬伤的错误。但是对于那些外行和粗心的读者，或者那些对各种历史细节情有独钟的读者来说，这些工夫确实是不见了，因此也自然会迎来那些其实与我的著作从发问到理论再到解释都不相干的"批评"。当然，这些误解对于一个"跨界"学者来说都是必须面对和接受的事实。

  缪哲的工作其实和我的研究具有同样的性质，只是方向正好相反：如果说我作为一个社会学家是在朝着高度专业化的历史学跨界，缪哲则是作为一个艺术史学家在朝着知识社会学和历史社会学方向跨界，而他做的其实是一件比我更吃力不讨好的事情。在缪哲的眼里，艺术出自观念，而观念则是某种时代的反映。因此，如果忽略艺术生产背后的各种观念和意识形态，以及其赖以存在和发展的各种结构性关系，仅仅从艺术形式、艺术手法、技巧、意境、人物和传承关系等方面来考察艺术的话，艺术史的发展势必会逐渐走向一种只见树木不见森林的局面，生产出一大堆用缪哲的话来说"没啥意思"的工作，并且在其专业化进程中迅速走向"内卷"。正是在这个意义上，作为一个艺术史专家的缪哲提出了一个属于知识社会学范畴的问题：为什么中国的艺术传统在两汉之交发生了从纹样到状物的大转折？缪哲的解释可以总结为两点：功能需求和关键人物的个性。他认为，汉武帝后的帝制中国一直有着建构官方意识形态的强烈需求，到了新莽时期则迈入了高潮。这对王莽而言之所以迫切不仅仅因其篡位缺乏合法性，也因为王莽具有追求形式完美的个性。其在篡位后大搞与意识形态构建相关的物质与视觉制作，并且试图借助状物艺术具有较强的叙事可能性这一特点来强化效度。他的这套创制形式后为东汉君主所继承，于是就形成了国家层面主导、社会层面逐渐下渗的局面，促发了中国艺术从纹样到状物的转型。

作为一位艺术史学家，缪哲提出了一个知识社会学的问题，又给出了一个历史社会学意义上的解答。他的这个雄心的确给他的叙事带来了多方面的困难。作为一个艺术史专家，他完全可以在书中向读者大量展示他在早期中国艺术、两汉经学和两汉历史方面的深厚功底（这一点我作为一个社会学家即使有能力也不能这么做），但是他出于解释的需要却不得不在艺术呈现、历史背景和结构性政治力量之间努力协调，从而涉入了一般艺术史学者不需涉足的各个领域，在给自己的分析增加了难度的同时也带来了不少问题。此外，也是出于解释的需要，相比于一般艺术史学者，他对各种艺术和历史材料不得不加大取舍度。毕竟，对于这么一部有强烈美感的作品，把与解释对象无关的内容塞入书中是不雅的。但是材料取舍度增大势必会给那些并不完全理解缪哲匠心的批评者带来误解，从而招来各种批评。

评论者的声音：总体回顾

上述是对缪哲面临多种批评的一个总体性辩护，但这并不是说他对于所有的批评和建议都不需要重视。特别是前面六位学者的许多批评和建议，都与缪哲著作中的核心观点直接相关，且切中要害。这有助于该书第二版的修改，且对缪哲另外两本书的写作也有裨益。要言不烦，我仅对其中多次出现的重要议题加以总结和点评。

（1）地区性差异。陶磊和孙砚菲在评论中都提出汉画像石并不仅仅出现在鲁中南地区，在河南、江苏、四川、陕西也有分布，并且它们在题材、风格、技法上都有差异。陶磊提到，如果汉画具有意识形态建构功能，所有地区的作品都应该有这种功能。他要表达的其实是，缪哲的理论并不能解释这些差异。我认为这是一个需要正面对待的批评。虽然在研究中引入地区性差异不见得一定就能推翻缪哲的论点，但至少会在多个方面促使缪哲对他的论点做进一步细化。

（2）材料、样本偏差。这个问题多个评论者都有提及。王献华从埋藏学角度出发，对缪哲立论证据的完整性有所疑虑。鲁明军虽然没有明说，但他提出图像和文献有"不透明的部分"和被误读的可能。孙砚菲则通过一些更具体的例子，试图说明状物传统在两汉之交前就有了较大的发展，或许只是因为当时二维状物艺术的载体（壁画、帛画等）保存性较差，留存得较少，因此带来错觉。面对此类诘难，我建议缪哲适当调低发问的强度。比如，如果缪哲把他的核心问题从"为什么中国的艺术传统在两汉之交从纹样转向状物"，改为"为什么在两汉之交中国的艺术传统中的状物传统会走向主导，而纹样传统逐渐消失"，各种例外就不但不会成为问题，而且可以见容于叙事，并加以分析和讨论。各种诘难也就自然容易对付了。

（3）过度解读。孙砚菲认为缪哲对于两汉之交艺术的解读有过度政治化之嫌。比如西王母崇拜热，缪哲将之解读为王莽为提高其权力合法性而作，并将西王母塑造成其姑母王政君，但孙砚菲强调西王母崇拜由来已久，王莽只是蹭热度而已。无论王莽是否兴作，西王母崇拜都会是汉代图像的经典主题。郦菁对纹样艺术不便叙事或至少无法传递道德话语的观点提出了不同见解："纹样在某种情况下也可以叙事，或至少传达某种道德话语；而状物也不总是能够叙事。"她举了伊斯兰教艺术的例子，我也认可她的观点，即"伊斯兰艺术是抽象的，不是叙事的，但其背后有很强的道德话语"。我不认为这些意见会对缪哲的论点造成根本性的冲击，但是肯定能帮助作者更准确地表述他的观点。

（4）下渗理论和艺术创造者的自主性。一个从王莽到光武帝所创制的、以状物为特色的艺术形式，如何成了整个社会的主导艺术形式？对此缪哲提出了下渗说，其要义就是精英阶层所主导的艺术风格会逐渐向下扩散，被社会中下层广泛接受。这里两位社会学家提出了不同意见。郦菁提出，从王莽到光武帝所创制的一整套视觉方案，其背后的语义结构其实可拆分、可转译（正如其他语义结构），因此汉代工匠自己的一些议程会以某种形式得以保留。此外，郦菁还指出，如果缪哲希望读者能更顺畅地认可下渗理论的话，他在研究中应该对下渗过程的行动主体即那些操作墓葬艺术的工匠，有一个较为系统的研究和介绍。孙砚菲的评论也讨论了创造墓葬艺术的行动者问题并提出如下悖论：画像石更多地存于中下阶层的墓祠中，而在王陵中非常少见。因此，如果说画像石是个意义重大的艺术形式创制的话，其分布本身就说明了中下层阶级积极参与了艺术的创新。她还指出，两汉社会除了皇族，还有诸侯、豪强、门阀氏族等各种权力行动者，分析一个艺术形式的下渗过程，必须把这些行动者也纳入考察范围。或许是考虑到了行动者的力量和自主性等问题的存在，陶磊也提出用"分有"与"下行"两个观念来取代"下渗"。

（5）艺术的宗教驱动力。缪哲在书中强调儒家意识形态是两汉绘画转变的动力。孙砚菲则通过一些文献和例子指出，宗教热诚与艺术表达在任何古代社会都有紧密的联系。就两汉之交前的中国艺术而言，著名的马王堆帛画和卜千秋墓壁画背后都有强烈的宗教驱动，并且这些艺术品的状物倾向都十分明显。此外，郦菁关于伊斯兰宗教教义和其艺术形态之间关系的例子，以及陈亮关于罗马和平祭坛艺术的讨论，其实也都从不同角度指出了宗教在古代艺术创作中的核心地位。

结构功能主义理论下的叙事手法

　　我已经总结了缪哲所需要注意的五方面问题。最后，我还想指出其内在的联系。我以为，缪哲之所以受到这些诘难，背后的根本原因就在于他的著作过度依赖在涂尔干、莫斯和马林诺夫斯基时代占据主宰的结构功能主义的分析视角。中国人有祖宗崇拜的习惯，因此不少出自社会科学经典作家之手的理论视角虽然带有明显弱点，但在国内仍能产生远超过他们应有的影响。但这并不是缪哲的问题，因为他是一个批判精神很强的学者。喜欢结构功能主义理论的人往往性格比较保守，思维比较教条，缪哲则特立独行，不受成规所缚。他也有非结构功能主义者的一面，这在他书中多有呈现。比如，当他强调王莽作为一个篡位者及其个性在两汉艺术转型中的重要性时，当他强调"下渗"是两汉绘画从纹样到状物转变关键时，他所强调的其实都是掌握着话语权的关键人物，他们的力量在历史进程中的重要性，而不是某些文化结构（比如纹样或状物）因某些社会功能和需求的变化而存在或变迁。但是我们也必须承认，结构功能主义视角在缪哲的经验分析和叙事手法中占据着非常关键的地位。出现这种不和谐的原因其实很简单：缪哲的强烈个性给他带来率真、灵感和敏锐的穿透力，但他却把自己的天才建立在一个非常不牢靠的理论基础之上。前述评论者，特别是两位社会学家提出的许多批评，都与这一点有关。

比如，当郦菁提出纹样在某种情况下也可以叙事，而状物也不总是能够叙事这一观点的时候，她其实也是在批评缪哲的一个假设，即"某种社会结构的存在就是因为该结构能更好地完成某种社会功能"，而这种观点是不可取的。这并不是说任何社会结构都没有社会功能，而是说结构和功能之间的关系在人类社会可松可紧，而这松紧关系是由社会行动者权力和行为方式所决定的。以下是一个我自己研究领域中的例子。

国家的存在当然有其功能，比如提供国土安全、公共卫生、环境保护、社会福利和法律保障等其他形式的社会组织不能有效提供的公共物品。但是国家作为一个社会行动者，难道不会在有效提供公共物品的名义下，攫取越来越多的资源，执行各种错误的政策吗？难道国家没有被某个利益集团或者宗教集团绑架的可能吗？难道我们能保证我们对一个国家的结构及其结构性行为方式的正面功能性论证就是事实，而不是在论证强权的合理性？正是因为诸如此类问题的现实存在，训练有素的当代政治社会学家在看待某种国家行为改变而导致的结构性变化时，不会轻易采用结构功能性论证。还比如，当郦菁和孙砚菲在讨论工匠集团的自主性、其他精英群体的能动性以及宗教力量的时候，她们其实都是在强调，国家精英在两汉之交艺术变革中并不是唯一的、有时候甚至不是最主要的权力行动者，艺术创作和艺术形式发展有多元起源。

大家也许会问，如果不采取结构功能视角，我们如何能理解两汉之交的艺术创作和艺术形式变迁呢？其实很简单，缪哲只需要把他的结构功能叙事改成结构-权力（力量）叙事就可以了。这其实也很容易操作，因为缪哲并不具有一个结构功能主义者的个性，因此其叙事和分析中本来就有大量此类视角的内核。在此视角下，社会结构（包括艺术结构）并不主要来自功能需求，而是来自各种社会力量的冲突和妥协。社会结构的形态所反映的主要是社会权力（力量）的异质性分布形态，而不是社会的功能性需求形态，而"功能"完全可能是保守的论证方式，或者我们的虚假意识。从根本上讲，没有社会力量（权力），就没有社会结构。

一旦采取了结构-权力（力量）视角，许多评论者的诘难在很大程度上就可以迎刃而解。缪哲的主要论点在总体上还都能成立，因为他所研究的毕竟是帝制中国儒学经典化（canonization）过程最为关键，也是对后世影响最大的时期，而其中所涉及的历史人物，包括王莽在内，也拥有很大的权力。但是，缪哲可能不得不对他的叙事手法做较大的改变，并且进行一些进一步的论证性研究。比如，以状物为特色的艺术风格逐渐向下沉，并被社会中下层广泛接受的过程，在新的叙事下就不应该再是一个近乎自然的下渗过程，而是一个某种社会力量在多种因素的作用下逐渐获取主宰的过程。再比如，一旦缪哲把提供艺术最后呈现的工匠群体，高度自主或半自主的诸侯、豪强、门阀氏族等精英群体，以及更能深入汉帝国难以涉足的各个社会领域的宗教群体也作为权力行动者，他自然就会去论证：是怎样的权力结构和权力配置导致了像王莽这样的政治行动者主导了两汉之交的艺术创作和艺术形式的变迁；是怎样的社会力量延缓和修改了一种正在获取主导的艺术形态的"下渗"方式，导致汉画像石在不同地区呈现出多样性；工匠群体、地方精英群体和宗教群体各自的自主性表现在什么地方，而状物艺术形态的引领性又表现在什么地方。

我并不期望缪哲能系统地涉足所有这些研究领域，因为这不但工程量过大，而且某些方面历史材料严重不足。但是，一旦有了新思路的引领，新的历史材料、对旧有历史材料的新解读方法、各种间接性证据（proxies）一般都会接踵而来。在这一新的理论框架和叙事手法下，历史多样性就不再是历史大趋势的敌人，而是同伴。因为只有多样性才能使我们在感受到大趋势力量的同时，也看到多种力量和可能性的并存，看到大趋势所不能渗入的领域，看到大趋势所带来的各种非企及性的历史后果。

【参考文献】

赵鼎新著，徐峰、巨桐译，2022，《儒法国家：中国历史新论》，杭州：浙江大学出版社。

专题论文

专题论文

从仆从到专家
音乐特权、财产和法国大革命

丽贝卡·多德·乔夫罗伊-施温登著

余福海译，郦菁、代一萌校[①]

【摘要】《从仆从到专家：音乐特权、财产和法国大革命》(*From Servant to Savant: Musical Privilege, Property and the French Revolution*，以下简写作《从仆从到专家》) 2022年由牛津大学出版社出版，该书运用历史视角探究了18世纪巴黎音乐人的职业化进程，对有志于从宏观历史视角和社会学视角研究艺术史和音乐史的学者具有重要价值。《从仆从到专家》一书的核心概念借用了霍华德·贝克（Howard Becker）的"艺术世界"（art worlds）概念描述18世纪巴黎音乐生产的世界，追溯了18世纪这一"世界"内部的社会-经济和法律变革——这些变革不仅包括法国国王路易十四集权主义的法律和经济政策，也涉及法国大革命引起的引人瞩目的政治和法律变革——进而细致入微地阐释了社会-经济和法律情境同职业化的观念和实践之间丰富多元的相互演化模式，最终论证了法国大革命对于音乐领域变革的基础性作用——为建构"古

[①] 丽贝卡·多德·乔夫罗伊-施温登（Rebecca Dowd Geoffroy-Schwinden），北得克萨斯大学音乐史副教授，她关注18世纪尤其是法国大革命以来的音乐文化。《从仆从到专家》是她的第一本学术著作，本文参照该书导言改写。她在《18世纪音乐》（*Eighteenth-Century Music*）和《音乐学杂志》（*The Revue de musicologie*）等国际顶刊上发表了多篇文章。译者余福海，中国人民大学公共管理学院博士。

典"的、专业化的音乐职业的永恒价值提供了物质条件。以下是该书的内容总括和部分节选,注释与引文略有删减。

....

音乐学家一致认为,音乐领域于"1800 年左右"出现了一次颠覆性的变革(Dolan 2012;Goehr 2007)。然而,一些更具可信性的历史文献证明,这些变革的发生时间早于上述改天换日的时刻。在整个 18 世纪,欧洲音乐人成功地在宫廷和教会之外找到了生计,其社会地位也因此逐渐从仆从上升为艺术家。音乐从一种彰显君主意志的艺术形式转变为了大众消费的商品和哲人沉思的美学对象。得益于乐器技术的突飞猛进,音乐表达的意蕴更加细腻。那些精于其技的杰出演奏者和管弦乐团开始受到听众的追捧。一言以蔽之,这些新的现象可扼要概括为音乐生产的变革。换言之,18 世纪,欧洲人创造、传播、消费以及因此认知音乐的方式均发生了变化。

尽管法国在 18 世纪作为全球时尚之都和文艺之都享有盛誉,但是学者一般认为法国暴虐的专制主义扼杀了慈善音乐会和更为普遍的音乐实验——而正是这些实验孵化了在其他世界名城备受欢迎的音乐创新。然而,这一时期的巴黎确实在招揽那些渴望出名的职业音乐人。巴黎一开始对莫扎特不够上心,这让莫扎特感到沮丧。然而,远在奥地利的海顿却征服了巴黎的听众。不久,巴黎也成功获得了困居维也纳的贝多芬的芳心。巴黎一度成为欧洲的音乐发行之都。回望历史，巴黎运用新的音乐生产模式的速度比其他欧洲国家慢了半拍，但是一个事件的到来却迫使巴黎的音乐人必须正视其长期生存其中、看起来已经严重过时的音乐世界——这一事件就是 1789 年的法国大革命。

《从仆从到专家》一书认为法国大革命是欧洲都市发生前述变革的基础。因为法国大革命迅速终结了以特权为基础的法律体系而代之以现代的财产制度。几乎一夜之间，音乐从一种需要取得许可的活动转变为了可以据而有之的实物。当新政权要求严格界定私人财产和公共财产之间的区别时，音乐人们声称音乐是他们不可剥夺的私人表达，而法兰西民族则将其作为集体性的文化遗产和民族产业。与此同时，音乐人百年间逐步职业化的成果也被纳入革命期间的法律和制度。基于这些情形，三个影响深远的价值观念出现了，它们分别是作曲家的主权、音乐作品的不可侵犯性和民族的至高无上。虽然人们通常将这些概念于"1800 年左右"出现归因于奥地利–德国的哲学和作曲家，《从仆从到专家》则揭示了这些价值观念是如何在革命时期的巴黎出现，并在一群才智非凡的人物中形成的。巴黎的音乐人远不仅仅是 18 世纪欧洲变革潮流的观察者，而是站到了音乐制作模式和价值观变革潮流的前沿。新的音乐制作模式和价值观不仅主导了他们的职业，也主导了音乐史的书写。大革命也许废除了旧的特权，但是革命的音乐家却发明了一种更加现代的特权形式。这种新的特权基于财产所有权，并为一个有权评价音乐水准、支配音乐制作的排他性群体所独占。

关于特权、财产和职业化

我们需要研判特权、财产和职业化三者之间的共同演化关系，以理解巴黎音乐人何以对"1800年左右"欧洲音乐生产的变革做出了如此重大的贡献。革命时期的巴黎音乐人的故事有个相当悠久的历史背景。1789年之前的法国等级社会严格定义了王国的各类臣民之间的区隔。在大约2700万人口中，大约15万神职人员构成了第一等级，35万贵族占据了第二等级，而绝大多数（约98%）人口构成了第三等级。第三等级的人们绝不是同质的，其包括富裕的医生、律师、商人、工人和饥饿的农民。历史学家霍恩（Jeff Horn）写道："特权是波旁王朝时期法国……跳动的心脏"（Horn 2007，171）。特权塑造了每个人的行为，包括职业的音乐人。

"特权阶层"享有特定的法律豁免权，是为"特权"。事实上，其特权同时包含了社会权力和法律权力。在1694年版的《法兰西学院词典》（权威法语词典）中，"特权"（privilège）一词有5个词条，其中第一个词条的定义是："一种授予个人或社群在排除他人的情况下做某事的能力。"第二个词条认为"特权"是授权例外行为的法律行为，以及某些特殊地位所附带的"权利、特权和优势"。君主可以授予个人和团体的特权范围广泛，不仅包括免于向教会和贵族纳税的免税权，还包括行会的垄断权和某些社群的独家贸易权。第三等级的人们通常通过像行会这样的社会组织谋求集体的特权。18世纪后期，他们还会通过购买附带某些特权的官职来获得特权。18世纪的法国不仅将社会特权和法律特权之间的相互依存性作为封建主义的遗产继承了下来，还继承了中世纪的社会经济结构。人们置身于这种社会经济结构中，需要通过在不平等的权力关系网络中交换物品和权利来保护他们的土地、亲人和身体。

特权对人们日常生活的影响既深且广，不仅影响了人们从休闲活动到财务事项的万事万物，而且影响了音乐领域。我在书中第一章中所说的音乐特权同样涵盖了各个领域，既包括琐细之事，也包括令人瞠目的特权。例如，在法国南部的一个小镇上，一位贵族女性拥有合法的特权来决定街上何时可以演奏小提琴，巴拉德家族（Ballard family）则维持了在法国独家印刷音乐的特权近 200 年之久。一项排他的特许权授予了某些人做某件事的权利，但也排除了所有其他人的权利。大革命爆发之前，正是这样的特权保护了巴黎三家皇家授权的剧场：歌剧院（the Opéra）、法兰西喜剧院（Comédie-Française）和后来的意大利喜剧院（the Comédie-Italienne）。在音乐学研究中，学者们更多强调特权的戏剧维度。然而这本书认为，学者应对旧政权音乐制作世界中的特权议题进行更加广泛的研究。

纵观 18 世纪，特权的定义发生了细微的变化，从而愈来愈明显地与财产联系在了一起。1694 年版的《法兰西词典》对"财产"一词的首要定义一直延续到了 1798 年版，其被描述为一种"权利，用于指代一个事物属于某人"。我们必须强调这一区别：在 18 世纪的法国，一个人并不真正拥有或者支配财产，而是仅仅拥有使用它的权利。因此，在大革命前的法国，所有权（ownership）、使用权（use rights）和权力（power）是不可分割的（Blaufarb 2016, 4）。因为国王拥有主权，统治着法国及其臣民，所以所有人都需要谋取权力煊赫、特权众多的官职，以便享受王国的荣誉和奖赏。

1762 年版的《法兰西词典》在法律意义上将"特权"一词同"财产"联系了起来。在法律词汇中，特权也可以指代某人在抵押协议中的选择权。到了 18 世纪中叶，法国平民将特权理解为一种对"财产"的某些方面所拥有的权利；这种语言习惯说明了一种更为广泛的现象。在 18 世纪末的法国，关于土地和不动产的权利体系变得非常复杂，以至于出现了"空中封地"（fiefs in the air）一词来称呼一些财产。这些财产为一些处于抵押链条顶端的特权之人所占据，即便他们很少直接占有这些财产，也可以从中获得收入（Blaufarb 2016）。无论法律上如何界定，特权已经非常接近于私有财产的推论，在某些情况下甚至是私有财产的同义词。

1789 年，《法语评论词典》（*the Dictionnaire critique de la langue*

Française）简明扼要地复述了此前对特权的所有定义，但是将之和"privilégié"一词联系起来，即"拥有特权的人"。虽然后者也曾出现于此前的词典中，但是此时这两个词却破天荒地出现在了同一个条目中。词典通过将特权、财产和"拥有特权的人"联系起来，揭露了这一制度阴暗的一面。革命者很快就会将这一制度烧成灰烬。《法语评论词典》对特权的最终定义是"自己有权做别人不敢为之事的自由，或者授权他人做别人不敢为之事的自由"，这一定义从1694年到1897年就没有变过，似乎预示了人们对特权制度的愤怒一触即发。只有一些人——通常是来自第一、第二等级的人们，才敢于从事某些活动。他们授权自己为所欲为，而这种任意妄为的权势将很快将一个有着近千年历史的政治体系送进坟墓。

学者们认为，法国大革命的两个决定性遗产是特权的废除和现代财产权的诞生，然而权威的法语词典对特权和财产的定义在整个18世纪中都较为稳定（Fitzsimmons 2002）。词义的记录与概念演变的现实之间的不一致，至少部分是因为定义单词的政治进程本身处于困境之中。例如，1798年，随着革命的衰落和法国政府的风雨飘摇，一本新的词典承认了一些与行会特权有关的概念如"行会"（corporations），"法官"（jurande）和"大师"（maîtrise）已被废除，而其对其他"旧政权"词语的定义，如"君主"（king），即使在法国处决其君主之后，仍基本保持不变（Fitzsimmons 2019，130）。这种语汇的不一致之处要求我们转向有关特权和财产的生活体验，以了解它们在这段音乐史叙事中的基础性地位。毕竟，历史学家布劳法布（Rafe Blaufarb）解释道："'财产'这个术语是一个空洞的能指（singnifier）、一个战场，而不是一个具有固定定义的一成不变的概念。"（Blaufarb 2016，13）在音乐领域这一"战场"是何以形成的，正是《从仆从到专家》试图探讨的。

旧政权的特权体系要求职业音乐人与贵族家庭、王室、剧院、出版商和行会组织等特权机构合作并从属之，以维持后者的法律地位、社会地位和经济主体性。学者基于早期现代音乐人的这种依赖性，将其称为"仆从"（servants）。本书第一部分题为"音乐特权"，阐释了职业音乐人在旧政权统治之下，通过自由职业主义、放松经济管制和贵族集体赞助的发展所形成的裂缝，成功地获得了法律和相应的社会特权（Hennebelle 2009）。音乐人们终于开始不再将自己视为仆从，而是将自己视为专业人士（professionals）——他们是接受过专业教育的专家，通过掌握理论和实践知识来强化特殊的专业技能。我在此将"职业"音乐人定义为那些主要通过音乐制作产业链的某些环节谋生的人，这一定义将音乐人的范畴从狭义的定义——例如作曲家和演奏者，扩大到了霍华德·贝克（Becker 2008）所述的包括发行商、音乐会经理、乐器制造商等其他相关人士在内的"音乐世界"（music world）。为凸显18世纪巴黎出现的音乐职业的多元性，我经常使用当时历史人物所使用的时代术语。值得注意的是，一个人往往可以扮演多个音乐领域的角色。

在18世纪的法国，把音乐领域的职业化和许多其他领域的职业化放在一起看是富有启发的，其中一些关系较近，比如写作和绘画，此外还有外科手术、牙科、药学、烹饪、建筑、军事艺术和工程。虽然社会学提供了许多关于职业化理论的文献，但这些理论往往基于工业化或资本主义体系，并不适用于前革命时期的历史情境。尽管一些社会学理论家的研究对本研究有一定的启示作用，例如埃利亚斯（Norbert Elias）的研究，但本书的框架主要是基于18世纪法国职业化的历史研究而建立的。这一决定主要出于音乐学科的迫切需要。本书的主要论点是探讨这一历史对音乐学学科的影响，而音乐学研究通常对职业化过程要么泛泛而谈，要么详细地描述与18世纪的巴黎大相径庭的特定城市情境（Weber 2004；Salmen 1983）。包括18世纪法国音乐界的职业化过程在内的多个领域拥有共同的参数，这些情况同样适用于音乐家，更有助于我们解析革命对音乐史的意义。本书叙事中所指出的职业化标准包括：职业化的实践和产品进一步得到法律上的认可，在其他领域的同行中得到更广泛的社会认可，技术、培训、认证和工具的标准化以及公共权威的提升。这些变化贯穿了《从仆从到专家》一书的每一章节。在 1789 年之前，一些音乐人所获得的权威程度使他们有机会在革命后对其职业变迁的某些方面讨价还价。正如书中第二部分"财产"所示，职业变迁跨越了革命前后，在新体制下得以成型。音乐与其他职业领域的同步发展深刻影响了音乐人的认知实践（Stoler 2009，38）。此外，音乐人提供了一个生动的例子，说明一个特定的行业如何经受了革命风浪的考验：这场动荡摧毁了一些工人和职业人士，同时使其他工人和职业人士受益。

在二手文献中，18 世纪音乐人的职业化常常被认为是理所当然的，对其价值的认识也浮于表面。即使这一议题成为研究的焦点，也通常只聚焦于作曲家。然而，近年来的音乐学研究表明，业余的音乐实践在这一时期具有重要意义（Goodman 2020）。因为业余精神和职业主义不断地相互定义，所以不能撇开音乐的业余化来理解音乐的职业化，反之亦然（Smith 1998）。随着职业音乐在欧洲主导地位的确立，新的职业标准阻碍了那些缺乏资格证书的人在音乐制作领域占据一席之地，无论他们有多少才华都难以实现这一点。在 19 世纪，业余音乐和职业音乐之间的隔阂日益扩大并被自然化，随后被巴黎音乐学院这样的机构制度化，导致人们认为音乐本身就是一种职业，并且是性别化（男性）和种族化（白人）的。因此，通过揭示这一职业化的过程，我也将这个普通人至今仍然望而却步的职业的建构过程重新历史化。

我的标题表明了"从仆从到专家"的变迁。18 世纪初，"专家"（savant）一词指的是那些在正规学术机构内发展了一套抽象理论并确立了自身的艺术或科学规则的人（Bertucci 2017）。在 18 世纪，专家开始与更广泛的巴黎公众互动，因此展现出了一种与其 17 世纪前辈不同的社会性（Belhoste 2018）。到 1789 年，传统意义上的专家被视为学究气、陈旧甚至对现实视而不见之人。对于那些几乎从未被认为是专家的音乐家来说，这种观念是一个更好的机遇。像艾蒂安-尼古拉斯·梅胡尔（Étienne-Nicolas Méhul）和弗朗索瓦-约瑟夫·戈塞克（François-Joseph Gossec）这样的作曲家在革命时期形成的国家机构中寻到了享有声望的职位，正是因为他们代表了一种新型的专家，他们推崇与经济需要相关的实用性以及艺术创造力的神秘性，而非艺术创作的规则。在革命期间，独特的职业轨迹使一些音乐人转变成为后革命时期专家的典范，而其他人仍然是仆从——当然现在是为国家而不是王室服务。

特权的废除

尽管《从仆从到专家》全书认为新旧政权之间存在很多连续性，但是 8 月 4 日之夜法国突然废除了特权，则是一个显著的断裂（Fitzsimmons 2002）。1789 年夏季，法国发生了一系列戏剧性的政治事件，特权的废除正是在这一时期发生的。法王为了应对一系列的挑战，重新召集了三级会议（Estates General）。三级会议是一个由所有三个等级的代表组成的顾问性的团体，此时已经尘封已久，上次会议还是 1614 年路易十三召集的。近两个世纪之后，路易十六迫切需要增加财政收入来挽救帝国这艘即将沉没的巨轮。法国在支持美国独立战争之后出现了一场财政危机，人们对饥荒的恐惧不断蔓延，一场经济灾难似乎正在到来。18 世纪初以来，巴黎的主流民意就一直在批评君主制，而王室也逐渐失去了对这些批评的控制。与此同时，在今生寻求物质满足的可能性变得比宗教关于救赎的承诺更具吸引力。去神圣化进一步削弱了国王的天赋权威。如果法国只有一个领域出现了危机——财政的、经济的、文化的抑或社会的，也许君主政体还可以继续维持下去。但是，全国各地的代表们携着选民的"陈情书"（cahiers de doléances）、自己的"申诉清单"（lists of grievances），并抱着为改良王国提供建议的心情，浩浩荡荡地向巴黎进发了。1789年5月5日，三级会议开幕了。

第三等级的代表们大多数是温和人士，但是他们在巴黎面临着一个剑拔弩张的环境。刚到巴黎时，他们并没有准备好面对咆哮的人群、令人难以忍受的工作时长和法国制度体系经过几个世纪陈陈相因而形成的难以克服的复杂性。代表们开始讨论按照等级投票的惯例——每个等级都根据其成员的集体意志投出一票。这种做法为第一、二等级维护其共同关切提供了便利，对第三等级有失公平。第三等级要求获得双倍的代表权来纠正这种不平等。在三级会议召开的五个月前，埃马纽埃尔-约瑟夫·西耶斯神父（Abbé Emmanuel-Joseph Sieyes）发表了小册子《什么是第三等级？》（*What is the Third Estate?*）。他提出，虽然第三等级在法国"无足轻重"，但是第三等级值得拥有"一席之地"。他认为，第三等级不仅创造了最多的财富，而且比其他两个等级对集体利益的贡献更大，因此，第三等级代表了国家的"一切"（Sewell 1994，41）。三级会议原本计划在凡尔赛宫召开。但是，6月20日，第三等级的代表们却发现自己被锁在了凡尔赛宫外。他们误以为自己被故意排除在外（事实证明，这是一个巨大的误解）。于是，第三等级的代表们改在凡尔赛宫的室内网球场会面。一些从第一等级投靠而来的教士也参加了这次会议。他们在室内网球场誓言将继续活动，并共同努力制定一部新的宪法，而这恰恰基于他们认为自己拥有这个真正的民族的主权。他们将自己重新改造为国民议会（National Assembly），而法王、其他等级……最终所有法国人民都接受了国民议会的存在。7月14日，巴士底狱的陷落象征性地摧毁了几个世纪以来一直支配着法国大众生活各个方面的抽象正义体系。音乐学家奥利维亚·布洛切尔（Olivia Bloechl）将这种生活称为"旧政权中的创伤性生活结构"（Bloechl 2017, 203）。那年夏天，法国公民开始重新想象其民族。

8月4日，国民议会继续进行漫长的审议。随着夜幕降临，一种由自由、平等和博爱催生的革命精神促使代表们一个接一个地站了出来，并放弃了他们个人的许多特权。而且，从上述对特权的描述中可以推断，代表们放弃特权的行为所失去的不仅仅是头衔。到了8月5日上午，代表们已将封建的社会经济体制粉碎成一地瓦砾。他们完成了一个创举——在特权的废墟上建立了新的法律基础。

当晚人们自我牺牲的传奇长期闪耀于法兰西民族的记忆中。正如布劳法布扼要指出的，旧政权的法律体系长期将财产和权力结合在一起，直至这个天崩地坼的夜晚方才解体（Blaufarb 2016, 48-52; Doyle 2002, 116-118; Fitzsimmons 2003）。简而言之，人们通过法律赋予的特权地位而拥有的个人权力，从君主处求得某些财产的使用权。直到1789年，法国平民并没有完全拥有财产，而是拥有"使用"财产的权利，即用益权（usufructuary rights）（Blaufarb 2016）。人们通过（至少看起来是）购买、销售、继承官衔和官职获得进入这一权力领域的机会。这对于那些可以安排朋友或家人继承有利可图的宫廷官职的音乐人来说，更是如此。因此，特权定义了旧政权统治下的财产的使用方式。当特权被废除之后，财产仍然存在，但是必须以新的方式进行分配。

法国在废除特权两周后发布了《人权宣言》，试图通过赋予每个人对个人领域的主权来切断财产和权力之间的联系（Blaufarb 2016, 52-53）。这意味着财产权不再仅源于君主。《人权宣言》在现代西方关于财产和人权的争议中不断被广泛征引:"财产是不可侵犯与神圣的权利,除非合法认定的公共需要对它明白地提出要求,同时基于公正和预先补偿的条件,任何人的财产皆不可受到剥夺。"《人权宣言》这一授权的实现,需要更严格地区分私人财产和公共物品,如桥梁、道路和水源等是在新政权的制度框架下个人不得占有的。革命政府用"民族领域"取代了以前的"王室领域",其目的是将之清空,其计划是出售所有政府持有的资产,从而将除了公用事业之外的所有资产置于私人手中(Blaufarb 2016,145)。但《人权宣言》明确了两个相互冲突的优先事项:个人和民族的权利。关于自然权利的哲学争议长期以来一直在质疑个体进入政治领域之后,个人权利在何种程度上被悬置了。正如丹·埃德尔斯坦所论,法国人像美国人一样,妥协形成了某种"保护制度"(preservation regime),以保护个人在社会中的权利。[②] 这种对个体的关切导致大革命初期的法律取消了诸如行会之类的团体特权。

在新政权的统治下,个人、机构和国家都希望通过拥有音乐有所获得,包括生计、名声、合法化的文化遗产,抑或具有商业竞争力的产业。本书第二部分"财产"记录了巴黎的音乐家们如何努力应对攸关其职业发展的新政策和法律。新政权感到棘手的是音乐和其他文化产品一样,难以区分其属于公共财产还是私有财产。音乐与特权分离之后,成了一个难以被法律明确限定的独立实体:音乐既可以作为个人的财产,属于个人所有,亦可以作为文化遗产抑或民族产业,为民族所有。虽然把音乐的公共性简单地解释为从君主制到民族政治象征的转变对作者而言可能很诱人(Blanning 2002;Taruskin 2005),但是这种财产逻辑的变化对现代音乐制作产生了更为深远的影响。尽管革命音乐长期以来一直被解释为一种突出的文化或政治现象,但是在特权、职业化和财产的更长历史之中审视,18

[②] 法国采用法律中心的方式来保护,而美国采用权利中心的体系来加以保护,参见埃德尔斯坦(2019,2-4、95-96、103、185-186)。

世纪 90 年代巴黎音乐人的活动显得比在街垒上的热情歌唱更为复杂、更有意义。

历史编纂和档案的政治

学术界对于革命时期音乐人政治的关注,使得人们忽略了有关他们故事的历史编纂学和档案自身的政治。法国革命研究和音乐学的独特学科转变一直以来也掩盖了革命对现代音乐职业和音乐史学产生的影响。这两个学科相互纠缠的遗产现在提供了一个重新评估音乐和法国革命的良机。

首先,法国大革命的历史总是和当下相关,远的可以追溯到托克维尔的《旧制度与大革命》(1856),该书将革命视为路易十四开始在法国推行中央集权的最终成功。托克维尔的解读反映了在拿破仑三世的第二帝国(1848—1870)中共和主义议程的明显失败。当革命的历史编纂学在索邦大学制度化之后,研究法国大革命史的首席教授奥拉尔德(Alphonse Aulard)在其亲历的历史时刻,即第三共和国(1870—1940)的诞生中,看到了第一共和国(1792—1804)的"共和主义和实证主义"的复活(Chartier 1991, 13)。从拿破仑三世的倒台和 1870 年的普法战争中诞生的第三共和国,试图通过回顾大革命的历史来最终摆脱君主制的暴政。[3]这一时期出现了从音乐学视角研究革命的第一次高潮并不是什么巧合,其中最著名的是康斯坦特·皮埃尔(Constant Pierre)和玛丽·博比利耶(Marie Bobillier)发表的作品,其中博比利耶是一位女性,她使用了一个男性的笔名米歇尔·布雷内(Michel Brenet)。音乐学家詹·帕斯勒(Jann Pasler)详细阐

---

[3] 奥拉尔德甚至写了一本手册来教育法国人如何成为法国公民,参见奥拉尔德(1902)。

述了第一共和国的遗产如何促使音乐在第三共和国的政治和公民形成中发挥了广泛作用（Pasler 2009）。基于旧制度和革命音乐的丰富档案记录，皮埃尔和博比利耶的目录学工作和编年史作品为未来的研究者提供了极其重要的研究基础。然而，皮埃尔特别关注巴黎音乐学院的材料及其对革命庆典的贡献，似乎把革命时期的音乐人描绘成了完全政治化的人物——这明显是从第三共和国时期的目的出发的，但这种解读极大形塑了随后对革命年代音乐的理解（Pierre 1895a；1895b；1899；1900；1904）。

20世纪俄国的十月革命再次重塑了法国大革命的"当下"，促使奥拉尔德（Aulard）的学生阿尔伯特·马蒂耶兹（Albert Mathiez）以"大众、社会主义和列宁主义"的视角重新审视法国大革命。马蒂耶兹的同时代人乔治·勒费弗尔（Georges Lefebvre）于1937年成为巴黎索邦大学的法国大革命历史首席教授，进一步推动了这一解读，他注重社会学和社会结构，最终发展出了一种对法国大革命的"马克思化的共和主义解释"。勒费弗尔的学生阿尔贝·索布尔（Albert Soboul）在1967年接替了其导师的职位，他也坚持认为法国大革命是必要的"从封建主义向资本主义过渡"中的资产阶级阶级斗争（Chartier 1990，xiv-xvi）。然而，历史学者弗朗索瓦·菲尤雷（François Furet）公开反对这种马克思主义的社会-经济视角的解释。菲尤雷开启了"修正主义历史编纂学"的新时期，将法国大革命解读为一种政治和文化现象，源于"导致旧政权君主制瘫痪的宪政危机"（Hanson 2009；Furet 1981）。（有人可能会猜想菲尤雷历史编纂学的转变是否同样根植于他与共产党的分歧，这个可能性表明革命历史编纂学不仅永远是"当下主义的"，而且也是个人主义的。）马克思主义对于法国大革命的解释确实将工业-资本主义框架投射到一个重商主义处于崩溃、自由市场体系正在形成的时代上，因而是年代错乱的；并认为阶级忠诚性是单一的，忽略了历史现实中人往往拥有更为复杂的身份。身份很快成为历史学家的一个核心关注点，他们认为法国大革命代表的斗争主要是政治和文化冲突。林恩·亨特（Lynn Hunt）和其他历史学家坚持在开创性的修正主义史学作品中认为政治和文化是相互构成的（Hunt 2004[1984]）。菲尤雷所唤醒的修正主义史学和随之而来的法国大革命新文化史如此广泛而多样化，以至于我无法在此列出所有的学术著作（参见 Rosenfeld 2019）。

革命历史编纂学的文化转向对历史音乐学家（historical musicologists）来说耳熟能详。在 20 世纪 80 年代至 20 世纪 90 年代的同一时刻，历史音乐学家也开始将文化作为其主要研究对象。学界将这一学科的转向称为新音乐学（New Musicology）。这种方法论上的变革使作曲家传记和乐谱不再是历史研究的中心，取而代之的是多元的人和传统，而先前的研究由白人、奥地利-德意志或最慷慨地说，由欧洲男性主导。因此，歌剧和流行音乐成为研究的突出主题，而革命音乐则同时适用于这两个新兴子领域。

音乐似乎是研究革命政治文化的天然选择，因为它为分析身份的形成、表达和呈现——或者更为隐蔽的宣传本身——提供了肥沃的土壤。在法国大革命 200 周年之际出现了一些有关音乐的论文集（Julien and Klein 1989；Julien and Mongredien 1991；Boyd 1992）。随之而来的是两部由历史学家而非音乐学家所写的开创性的专著。劳拉·梅森的研究说明，流行歌曲在大革命早期成了一种合法的政治行动形式，然后在 19 世纪的巴黎隐匿在社会和政治意义上的地下组织，逃避了审查（Mason 1996）。詹姆斯·H. 约翰逊则推测，革命者对音乐力量之信仰促成了巴黎人随后沉浸于聆听音乐的实践（Johnson 1995）。他将革命与音乐浪漫主义联系起来的直觉并不是孤立的。然而，早在十年前，杰出的德国音乐学家卡尔·达尔豪斯就已经抵制将革命作为音乐的明显分界线的看法，他像修正主义者一样反对马克思主义（Dahlhaus 1985，365）。尽管一些学者最终听从了达尔豪斯的警告，纠正了大革命是音乐风格分水岭的基本主张（Doe 2021），但是法国 18 世纪 90 年代之后的音乐仍然难以摆脱其作为政治宣传的恶名。正如音乐学家迈克尔·芬德所解释的那样，法国大革命对音乐史编纂的传统方法构成了"难题"（Fend 1997）。除了歌剧和流行歌曲，大革命的十年被视为音乐研究中的不解之物，它之后所激发的东西似乎更为重要，而其本身对于更广义的音乐史编纂学来说并没有任何内在的价值。音乐学科之外的学者鼓吹革命对音乐的重要性，远远超过了音乐学科内部的学者。对于远离法国音乐研究领域的音乐学家来说，如果说法国大革命时期的个人主义政治理念能够方便地用来昭示反映在对贝多芬等人作品的喜爱上的浪漫主义主体性的诞生，那么这一时期的音乐给作曲家们提供的发挥空间则要黯淡得多，无论是他们想变得更喧闹，更具画面感，更直白地政治化，甚至变成在海顿看来彻头彻尾的"垃圾"（Landon 1959，197）。因此，音乐学界固然已经承认了法国大革命与音乐学科的巨变时代即 1800 年是同步的，但仍然认为革命更像是一个前兆，而不是分水岭。

《从仆从到专家》在很多方面重新评估了音乐史的基础，不是为了构建新的主导性叙事，而是对已有的影响很大的叙事进行批判和历史化。革命音乐是歌剧和流行音乐的研究对象，两者都可以被认为是长期占据主导的维也纳古典主义历史叙事的"他者"；这个叙事以哲学为基础，并建立在莫扎特、海顿和贝多芬的遗产之上。通过维持文化的、社会的、知识分子的和各种形式的音乐历史之间的区隔，音乐学科的奥地利-德意志式解读隐蔽地保持了"高雅艺术"对于音乐史叙事的主导地位。一些研究探讨了这一叙事在奥地利和德国是如何建构起来的（Gelbart 2007；Gramit 2002；DeNora 1997），但是，很少有研究揭示这种叙事在其他欧洲地区的起源。尽管如此，回到有关"天才"作曲家及其"杰作"的话语仍是禁忌，因为将这些问题重重的概念具体化的风险无处不在。然而，对这些概念的缄默首先阻碍了我们更深入地了解音乐学如何陷入了明显的史学编纂意义上的危机，以及职业的"古典"音乐如何继续反映和延续现在看来是令人不安的启蒙思想和"浪漫主义"价值观（Kajikawa 2019）。某些历史的遗产只有通过审视它们形成的历史才能被彻底拆除。

所以，《从仆从到专家》打破了传统的音乐史研究中对于文化、政治、社会、法律、经济和技术历史的区分，从而揭示了作曲家主权、音乐作品的不可侵犯性、文化和工业领域中国族的至高无上和核心地位等概念的物质层面而非哲学层面的起源。近年来，音乐学研究越来越关注音乐生产的各种物质条件（Davies 2014，6）。本研究则特别专注于物质层面和职业音乐人的物质现实：如乐谱、手稿、教学方法和乐器，以及基础设施、政策、法律和制度。本书展示了对于这些条件的驾驭和协商，如何催生了后来成为资本主义下音乐生产模式特征的话语和认知实践。这一叙事和哲学家莉迪娅·戈尔（Lydia Goehr）已经研究过的1800年左右的音乐变革相印证，至少法国的情况如此（Goehr 2007，176–204；205–242）。但本书提供了更细致入微的历史证据，说明音乐"作品"和作曲家如何成了一个现代音乐生产体系的核心，旨在支持民族主义、帝国主义和殖民主义的宏图大业，甚至是在有关天才和大师之作的话语变得僵化之前就已如此（Talbot 2000）。

对革命音乐，尤其是在歌剧研究领域中革命音乐的制度史研究，就成功地抵制了对大革命的单向度政治解读，因此成为我作品的重要借鉴（Kennedy 1996）。比如，学者们将18世纪的法国歌剧视为当时制度情境中的一种体裁，并对此做了细致的研究。其中，马克·达洛（Mark Darlow）对法国大革命期间的歌剧院管理进行了广泛的文献研究，说明当时的剧目选择并没有连贯一致的政治议程。茱莉亚·多伊最近的研究表明，有关革命音乐"经典"乃至整个体裁的政治研究，往往忽略了其在大革命前的起源和某些作品成功的实际原因（Doe 2018，177–205）。多伊所述之"喜歌剧"（opéra comique）是一个完美的例子，说明了一个体裁的历史如何晚至 19 世纪才被用于为政治目的服务（Doe 2018，197–216）。法国学者同样关注歌剧场景之外的其他音乐场所，例如音乐会，以及诸如交响协奏曲（symphonie concertante）之类的乐器演奏体裁。而巴黎音乐学院众所周知已有相对独立的学术研究文献，这主要得益于皮埃尔从第三共和国时期就开始的早期档案工作。再如让·蒙格雷迪恩所作的判断，制度才是大革命时期的核心音乐遗产（Mongrédien 1986）。在《从仆从到专家》一书中，鉴于关于具体的音乐体裁和音乐场所这些议题此前已有十分权威的研究，我刻意避开从这些议题切入，转而关注个人在不同制度之间如何驾驭他们职业化的工作，从而对前述丰富的文献进行补充。

因此，我的方法对作为制度和体裁史基础的档案逻辑形成了挑战。法国革命者及其后继者刻意建立档案，旨在书写他们自己特定版本的历史。革命档案之所以有意隐瞒一些信息，又彰显另一些信息，旨在为法国民族构建一个新未来（Lemaigre-Gaffier 2016，157–182）。因此，通过挑战这种档案的基本结构，并把研究扩展到制度和体裁的壁垒之外，我揭示了在大革命期间激活巴黎音乐界的其他重要议程。我通过探究制度和个人之间的关系，而非整洁的档案汇编所试图提供的连贯叙事，来探讨革命时期音乐发展的复杂性。我重新梳理了已经部分或完全出版的档案，来评估它们的物理性质，并因此发现被刻意忽视或排除的证据，因为它们不符合特定的叙事或制度化的记忆。在某些情况下，档案仅仅因为难以分类而被忽视了，例如作曲家格雷特里（André-Ernest-Modeste Grétry）留给西耶斯（Sieyes）的一封信就被遗漏在了后者的个人档案之中（Geoffroy-Schwinden 2018）。我的档案研究总是源于这样一个问题：音乐家如何驾驭他们背后不断变化的社会经济条件和法律领域，以及他们在这些"战场"上做了什么，或用布劳法布的话来说，他们围绕着一个"空洞的能指"——财产，创造了何种意义。

我所使用的方法不仅可以在前述 18 世纪法国音乐制度的历史研究中找到先例，也可以在最近的革命研究中找到。这些研究成功地综合了该领域更早的政治和文化转向的经验教训，并重新评估了大革命期间经济和法律经验的重要性。休厄尔是 20 世纪 80 年代文化转向的先驱，但他最近也呼吁学者们重新关注大革命的社会和经济面向（Sewell 2014）。而雷贝卡·斯潘通过揭示大革命期间围绕货币问题的日常斗争，挽救了经济学常常仅被当作（庸俗）马克思主义的恶名（Spang 2015）。凯蒂·贾维斯对大革命期间市场中妇女的研究则采取了"体验为中心"的方法，探讨了妇女面临的经济条件，以及围绕这些物质问题而产生的政治和社会议题（Jarvis 2018，839；2019）。布劳法布则进一步确认了一个由来已久的观点：大革命的悠久遗产是建立了现代产权制度，他称之为"伟大的分界"（Blaufarb 2016）。经过多年令人眼花缭乱的修正主义历史学研究，保罗·切尼在布劳法布的工作中找到了安慰，研究革命的历史学家终于能够从中确定，"国家和公民社会"的划分是一个令人信服和连贯一致的革命项目（Cheney 2017，71）。布劳法布博士有关土地和房地产的结论可以扩展和转化到革命经验的其他领域。我将探讨这种通过财产重新思考国家和公民社会关系的思路对音乐人，最终是音乐史，有何种影响。

因此，《从仆从到专家》一书运用了新的物质-文化的综合视角，对音乐学和法国大革命研究做出了贡献。财产与权利的历史是密不可分的。埃德尔斯坦从话语分析的角度说明，启蒙运动时期对于自然权利的理解是极具个人主义色彩的，在大革命发生之前这"实质上，几乎全部是财产权"（Edelstein 2018，76；79）。通过将物质条件与有关权利的观点联系起来，历史学家已经开始重新考虑革命在社会经济层面的影响，并超越了马克思主义的解释。此外，卡拉·赫斯和凯蒂·斯科特都通过财产的视角来考察职业化过程和相关的文化产品。赫斯的研究表明，在大革命期间关于作者权利的法律变革使得作者处于革命社会的夹缝之中（Hesse 1991）。斯科特将财产的历史和美学理论加以结合，认为视觉艺术家借助新兴的知识产权，从被赞助的宫廷艺术家摇身一变成了"资产阶级企业家"（Scott 2018）。而我也回到了音乐制作和音乐劳动的视角，探寻职业音乐人在现代产权体制中的具体体验。这些体验呈现出了音乐人更加模糊的政治身份，同时将音乐研究扩展到了美学（风格）和行动主义（政治）之外的广阔领域。我坚信修正主义者的信念，即文化是理解政治动荡时期人类行为的一种媒介，但我也清醒地意识到斯潘所强调的事实，即个人即使在日常的革命政治中，也在不时努力掌控"物质和金钱"（Spang 2015），而这种妥协在不断发展的现代化过程中是生存的必要基础。

走向职业化的发展轨迹：安德烈-欧内斯特-莫德斯特·格雷特里

作曲家安德烈-欧内斯特-莫德斯特·格雷特里（André-Ernest-Modeste Grétry）的故事贯穿了《从仆从到专家》一书，说明了音乐人如何从旧政权下的仆从迈向革命时期的职业人士。18世纪70年代，格雷特里的歌剧经常在法国宫廷、半公开和私密的贵族生活空间中上演。有些观众经常光顾巴黎的一些依法拥有特权经营的剧场，他们也非常欢迎格雷特里的歌剧。但是，格雷特里声称，在前革命时期，音乐人们"因不受尊重而感到羞耻，且并不是说不被当做艺术家看待，而是不被当做人看待"（Grétry 1801，4）。虽然他个人在同行中获得了社会认可，甚至成了玛丽·安托瓦内特王后④最为宠幸的音乐人,并管理了王后的私人音乐娱乐活动,但是他仍然依靠王室的津贴为生,就像其18世纪早期的前辈一样,无非是宫廷的仆从。

到了18世纪80年代,格雷特里找到了改善这一依赖地位的方法。他在《风雅信使》(*The Mercure de France*)撰文,表达了对法国各地未经授权擅自出版和表演其作品的不满。在对法国印刷特权的法律改革中,格雷特里被任命为皇家音乐审查员,他授权乐谱的出版,并监督查处盗版。尽管这一制度从未按计划启动(制度实施后不久,革命就发生了),但是格雷特里毕竟谋得了一个位高权重的官职来管理自己的领域。此外,监管环节的收益将被用于建设一所新的皇家声乐学校(Royal Singing School),其中格雷里和他的同事们还发展了自己的人文课程来培训歌剧演员,从而将他们的工作转变为一种基于教育的职业,而不仅是一份出卖劳力的手艺。因此,格雷特里新近建构的职位和一种新的标准化音乐训练形式紧密联系,这种新形式与大教堂的唱诗班学校、歌剧院的排练工作坊和行会等旧的训练形式完全不同。

1789年之后,格雷特里和他的同僚、戏剧作曲家尼古拉-玛丽·达莱拉克(Nicholas-Marie Dalayrac)联合了其他剧作家争取在新的革命立法所保障的作者权利之中谋得更多利益,并逐渐获得社会地位。他们一起通过法律来保护其原创作品,并建立了一个机构,以便在法国各省演出他们的作品时收取费用。格雷里和他的一些同事威胁歌剧院说,他们所付的钱不应该被称为"津贴"(pension,这意味着服务),而是为音乐家提供给该机构的产品"付费"(pay)。当1793年发布的《原创权利宣言》(*Declaration of the Rights of Genius*)将音乐作为一种知识产权形式予以法律保护时,这种危险降低了。

---

④ 玛丽·安托瓦内特(Marie Antoinette)是路易十六的王后,她在进入法国宫廷之后热衷于舞会、时装和宴会,后在法国大革命中因密谋叛逃和勾结奥地利等罪名与路易十六一起被送上断头台。

1795 年，巴黎音乐学院成立，教师由前述的皇家声乐学校和国民卫队中的音乐人共同组成，而格雷特里被任命为其督察（inspector）之一。虽然他从未认真履行职责，但是巴黎音乐学院是全球现代性中最早实现集中化、标准化音乐培训的机构之一，而这个荣誉职位表明了格雷特里所获得的权威。因为音乐学院和其他新的职业培训机构，如矿业学校（School of Mines）、理工学校（Polytechnic School）是相配套的，格雷特里因此获得了与工程师、外科医生同等的职业权威和地位。音乐学院的职位使格雷特里获得了在其他政府委员会和机构担任重要职务所需的声望。例如，格雷特里得以在法兰西学院（National Institute）任职，这是一所现代化的文理研究院，参与了政府对音乐教育、创作和音乐技术发明进行名义上和法律上的认可，并在经济上给予支持。因此，他个人以及音乐学院的影响力也延伸到了其所从事领域的技术和工具。例如，音乐学院院长贝尔纳·萨雷特（Bernard Sarrette）和国家研究院的音乐专家参加了全国工业展览会（Industrial Exhibitions）的评委会，其中展示了最新的乐器技术。到了 19 世纪末，格雷特里的著作不断再版，这种成功在之前的一个世纪中仅为宫廷哲学家和人文学者所拥有，而不是音乐家。

　　格雷特里的职业轨迹说明了《从仆从到专家》一书所追溯的集体发展路径。音乐人从一个以津贴为生的宫廷仆从转变为其所在领域受人尊敬的权威，大革命使作曲家获得了社会认同、法律权利和职业权威，其中包括从工具的标准化到培训方法建立的方方面面。然而，本书所追溯的音乐人职业发展不应被误认为是音乐人的解放。关于大革命期间音乐成为"典范"的小说，无非是在革命主义的政治修辞和浪漫主义的自由神话之间简单地画了等号。而在我的这一叙事中，音乐成为一种可被收集、测量、评估、分割和占有的物质资源。它既是国家可资利用的有形对象，也是一种无形的表达方式，是作曲家（有时是表演者）不可剥夺的财产，这两者之间保持着微妙平衡。其中,相互竞争的财产利益加深了巴黎音乐世界中各种行动者之间的隔阂。关于音乐所有权的相互竞争的观点使作曲家及其作品的僵化观念进一步固化,而这些观念又反过来深深植根于19世纪的民族主义、帝国主义和殖民主义之中。因此,《从仆从到专家》一书揭示了音乐制作及其认知实践背后的物质现实,从而使得所谓的音乐浪漫主义成为可能(Sterne 2003)。

【参考文献】

Becker, Howard S. 2008. *Art Worlds*. Berkeley: University of California Press.

Belhoste, Bruno. 2018. *Paris Savant: Capital of Science in the Age of Enlightenment*. New York: Oxford University Press.

Bertucci, Paola. 2017. *Artisanal Enlightenment: Science and the Mechanical Arts in Old Regime France*. New Haven: Yale University Press.

Blanning, T. C. W. 2002. *The Culture of Power and the Power of Culture: Old Regime Europe, 1660–1789*. Oxford: Oxford University Press.

Blaufarb, Rafe. 2016. *The Great Demarcation*. New York: Oxford University Press.

Bloechl, Olivia. 2017. *Opera and the Political Imaginary in Old Regime France*. Chicago: University of Chicago Press.

Boyd, Malcom. 1992. *Music and the French Revolution*. Cambridge: Cambridge University Press.

Chartier, Roger. 1990. *The Cultural Origins of the French Revolution*. Durham (NC): Duke University Press.

Cheney, Paul. 2017. "Review of The Great Demarcation". *History: Reviews of New Books* 45, no. 3: 70–71.

Dahlhaus, Carl. 1985. *Die Musik des 18. Jahrhunderts*. Laaber: Laaber-Verlag.

Davies, James Q. 2014. *Romantic Anatomies of Performance*. Berkeley: University of California Press.

DeNora, Tia. 1997. *Beethoven and the Construction of Genius: Musical Politics in Vienna, 1792–1803*.

Berkeley: University of California Press.

Doe, Julia. 2018. "Two Hunters, A Milkmaid, and the French 'Revolutionary' Canon". *Eighteenth-Century Music* 15, no. 2: 177−205.

——. 2021. *The Comedians of the King: Opéra Comique and the Bourbon Monarchy on the Eve of the Revolution*. Chicago: University of Chicago Press.

Dolan, Emily. 2012. *The Orchestral Revolution: Haydn and the Technologies of Timbre*. Cambridge: Cambridge University Press.

Doyle, William. 2002. *The Oxford History of the French Revolution, second edition*. Oxford: Oxford University Press.

Edelstein, Dan. 2018. *On the Spirit of Rights*. Chicago: University of Chicago Press.

Fauré, Christine. 1789. *Les declarations des droits de l'homme de 1789*. Paris: Hachette.

Fend, Michael. 1997. "The Problem of the French Revolution in Music Historiography and History", from D. C. Greer, J. King and I. Rumbold(ed.). *Musicology and sister disciplines: past, present, future: Proceedings of the 16th International Congress of the International Musicological Society, London, 1997*. New York: Oxford University Press.

Fitzsimmons, Michael P. 2012. *The Night the Old Regime Ended*. University Park: Pennsylvania State University Press.

——. 2019. *The Place of Words: The Académie Française and its Dictionary during an Age of Revolution*. Oxford: Oxford University Press.

Furet, François. 1988. *Marx and the French Revolution*. Chicago: University of Chicago Press.

Gelbart, Matthew. 2007. *The Invention of Folk Music and Art Music: Emerging Categories from Ossian to Wagner*. Cambridge: Cambridge University Press.

Geoffroy-Schwinden, Rebecca, Dowd. 2018. "Music, Copyright, and Intellectual Property during the French Revolution: A Newly Discovered Letter from André-Ernest-Modeste Grétry", http:// journals.openedition.org/transposition/2057, accessed on 2019, November 15th.

Goehr, Lydia. 1992. *The Imaginary Museum of Musical Works: An Essay in the Philosophy of Music*. New York: Oxford University Press.

——. 2007. *The Imaginary Museum of Musical Works*. New York: Oxford University Press.

Goodman, Glenda. 2020. *Cultivated by Hand: Amateur Musicians in the Early American Republic*. New York: Oxford University Press.

Gramit, David. 2002. *Cultivating Music: The Aspirations, Interests, and Limits of German Musical Culture, 1770–1848*. Berkeley: University of California Press.

Grétry, André-Ernest-Modestse. 1801. *De la vérité, ce que nous fûmes, ce que nous sommes, ce que nous dvrions être*. Paris: Chez Ch. Pougens.

Hanson, Paul. 2009. *Contesting the French Revolution*. Chester (UK), and Malden (MA): Wiley-Blackwell.

Hennebelle, David. 2009. *De Lully à Mozart. Aristocratie, musique et musiciens à Paris (XVIIe–XVIIIe siècles)*. Seyssel: Champ Vallon.

Hesse, Carla. 1991. *Publishing and Cultural Politics in Revolutionary Paris, 1789–1810, Studies on the History and Society of Culture 12*. Berkeley: University of California Press.

Horn, Jeff. 2007. "The Privilege of Liberty: Challenging the Society of Orders". *Journal of the Western Society for French History* 35: 171–183.

Hunt, Lynn. 2004[1984]. *Politics, Culture, and Class, Twentieth Anniversary Edition*. Berkeley: University of California Press.

Jarvis, Katie L. 2018. "Exacting Change: Money, Market Women, and the Crumbling Corporate World in the French Revolution". *Journal of Social History* 51, no. 4: 837–868.

——. 2019. *Politics in the Marketplace: Work, Gender, and Citizenship in Revolutionary France*. Oxford: Oxford University Press.

Johnson, James H. 1995. *Listening in Paris: A Cultural History*. Berkeley: University of California Press.

Julien, Jean-Rémy, and Jean-Claude Klein. 1989. *Orphée phrygien: les musiques de la Révolution*. Paris: Éditions du May.

Julien, Jean-Rémy, and Jean Mongredien. 1991. *Le Tambour et la harpe: oeuvres, partiques et manifestations musicales sous la Révolution, 1788–1800*. Paris: Éditions du May.

Kajikawa, Loren. 2019."The Possessive Investment in Classical Music: Confronting Legacies of White Supremacy in U.S. Schools and Departments of Music", from Kimberlé Williams Crenshaw, et al.(eds.). *Seeing Race Again: Countering Colorblindness Across the Disciplines*. Berkeley: University of California

Press.

Kennedy, Emmet, et al. 1996. *Theatre, Opera, and Audiences in Revolution Paris: Analysis and Repertory*. Westport (CT): Greenwood Press.

Landon, H. C. Robbins. 1959. *The Collected Correspondence and London Notebooks of Joseph Haydn*. London: Barrie and Rockliff.

Lemaigre-Gaffier, Pauline. 2016. *Administrer les Menus Plaisirs du Roi: La cour, l'état et les spectacles dans la France des Lumières*. Céyzerieu: Champ Vallon.

Mason, Laura. 1996. *Singing the French Revolution*. New York: Cornell University Press.

Mongrédien, Jean. 1986. *La musique en France des lumières au romantisme(1789-1830)*. Paris: Flammarion.

Pasler, Jann. 2009. *Composing the Citizen: Music as Public Utility in Third Republic France*. Berkeley: University of California Press.

Pierre, Constant. 1895a. *Le Magasin de musique à l'usage des fêtes nationales et du Conservatoire*. Paris: Fischbacher.

——. 1895b. *Bernard Sarrette et les origines du Conservatoire national de musique et de déclamation*. Paris: Delalain frères.

——. 1899. *Musique des fêtes et cérémonies de la Révolution française; oeuvres de Gossec, Cherubini, Lesueur, Méhul, Catel, etc*. Paris: Imprimerie Nationale.

——. 1900. *Le Conservatoire nationale de musique et de déclamation: documents historiques et administratifs*. Paris: Imprimerie Nationale.

——. 1904. *Les hymnes et chansons de la Révolution. Aperçu général et catalogue avec notices historiques, analytiques et bibliographiques*. Paris: Imprimerie Nationale.

Rosenfeld, Sophia. 2019. "The French Revolution in Cultural History". *Journal of Social History* 52, no. 3, 555-565.

Salmen, Walter. 1983. *The Social Status of the Professional Musician from the Middle Ages to the 19th Century, Sociology of Music*, no. 1. New York: Pendragon Press.

Scott, Katie. 2018. *Becoming Property: Art, Theory, and Law in Early Modern France*. New Haven: Yale University Press.

Sewell, William H. 1994. *A Rhetoric of Bourgeois Revolution: The Abbé Sieyes and What is the Third Estate?* Durham and London: Duke University Press.

——. 2014. "Connecting Capitalism to the French Revolution: The Parisian Promenade and the Origins of Civic Equality in Eighteenth-Century France". *Critical Historical Studies 1*, no. 1: 5–46.

Smith, Bonnie. 1998. *The Gender of History: Men, Women, and Historical Practice*. Cambridge (MA): Harvard University Press.

Spang, Rebecca. 2015. *Stuff and Money in the Time of the French Revolution*. Cambridge (MA): Harvard University Press.

Sterne, Jonathan. 2003. *The Audible Past: Cultural Origins of Sound Reproduction*. Durham (NC): Duke University Press.

Stoler, Laura Ann. 2009. *Along the Archival Grain: Epistemic Anxieties and Colonial Common Sense*. Princeton (NJ): Princeton University Press.

Talbot, Michael. 2000. "The Work-Concept and Composer-Centredness", from Michael Talbot (ed.). *The Musical Work: Reality or Invention? Liverpool Music Symposium I*. Liverpool: Liverpool University Press.

Taruskin, Richard. 2005. *Music in the Seventeenth and Eighteenth Centuries, in Oxford History of Western Music*. Oxford: Oxford University Press.

Weber, William. 2004. *The Musician as Entrepreneur, 1700–1914: Managers, Charlatans, and Idealists*. Bloomington (IN): Indiana University Press.

保卫敏感性
以艾丽丝·门罗、罗贝托·波拉尼奥和《神曲·地狱篇》的片段为例

王 炜[①]

我是文学写作者,我担心我的想法与表达方式,对社会学和人类学而言是间接的。我也一直在寻找,寻找一个对于我们彼此来说,都会引起同感的题目。或者,即使不一定会引起同感,但该题目既可以被共同思考,也不会那么理论化。不过,每个领域对于另一个,可能本来就不具有那种现成的、可用以交换有无的直接性。如果这种直接性不仅容易发生,而且频繁发生,那么这可能就是这些领域各自已经平面化了的表现。有时,这种平面化被各个领域自身的专业主义话语所掩盖了。

前段时间,我看到一篇谈"文学危机"的文章,标题我忘记了,大意是:被意识形态操控的语言、社交媒体和刻板化了的现代专业主义等,都使文学陷入了危机。这是一种常见的观点。但是,其中有一句话给我留下

[①] 王炜,诗人、文学评论者,主要作品有诗集《灭点时代的诗》《光明备忘录》,讲稿集《试论诗神》和文论集《我们的归零地》等。本文根据作者2020年12月在浙江大学社会学系的讲座改写。

了印象，它说：文学是帮助人类保持敏感性的途径。

但为什么仅仅是文学呢？其他的艺术形式就不能吗？哲学、历史学、人类学就不能吗？我想，当作者这么说时，应当是指：文学有在非图像化与非理论化的语言中激发人类的实质性理解的能力。实质性的理解不同于专业主义理解。本来，这应当是人文教育的一种基础训练，即区分"智慧"和"意见"，区分"爱智慧者"和"爱意见者"。埃里克·沃格林（Eric Voegelin）对"爱意见者"进行过猛烈批评，称其为被权力操控的"意识形态话语的跟屁虫""意见分子"，他们在现代世界的大量存在导致了人们现实感的失去，使人们"拒绝统觉理解"，拒绝"综合感受力"。

关于"综合感受力"，下文我们还会提到。人文教育的基础训练还包括区分"知"与"无知"，因为我们与我们认为自己持有的知识之间的关系是并不稳定的，"知"与"无知"之间的关系也不是稳定的，一直在变动中。说到这里，也许你们会马上想到，这是一种苏格拉底式立场。如果知识生产的方式和表达方式已经刻板化，那么就需要一种不同于图像可视化和理论化的语言，把过分成熟化、社会化了的认知结构，重新置于一种"不成熟状态"之中。传统意义上，这本应是文学的一种工作。但是，这里也蕴含了一个古老的问题。如果这"第二次不成熟"，好比那个厌倦了知识的浮士德先生的"第二次青春"一样，是与魔鬼签了合同的欲望的变体，那么"第二次不成熟"也无非是实现欲望的手段。我们知道，浮士德的"第二次青春"，是以一个平凡女性格雷辛的死亡为代价的。可以说，他是踩着格雷辛的尸体，才走向了海伦的世界，所以"永恒的女性／领我们飞升"（歌德1989，737）也许可以被视为一种关于虚伪的顶峰表达，是对"永恒女性的尸体"的一种"成熟化"的叙述。我们知道，在说出这句话时，实现了一切欲望的浮士德，也得到了他的"第二次成熟"。

在我们今天将要阅读的三个文学作品片段中，有三种被再次置入不成熟状态的成年人。他们的"第二次不成熟",并不是对于知识的欲望,也并不是对他人或者对某种有利于自己的意义的占有欲。在他们身上显现出来的感知能力,或者说敏感性,与他们被置于失去把握的存在状态息息相关。

我想,"保持敏感性",也许就是我应当在此分享一些想法的话题。但是,我又把这个题目写得更紧迫了一些,写成了"保卫敏感性"。当然,我们可以宽泛地说,没有敏感性就没有文学。也可以宽泛地说,有一千种文学就有一千种对于"什么是敏感性"以及"是对什么的敏感"的理解。所以,只是从"敏感性"来谈文学,似乎很奇怪,好比只是从一个人"是不是活着"来理解这个人一样。而如果必须从"是不是活着"来理解一个人,往往可能就是因为:这个人的生命已经陷入危机。所以,我们在此单独把"敏感性"拎出来讨论,也是因为它遭遇了危机。一些对于文学写作者(也包括其他领域的人们)来说非常现实的原因,阻碍、扭曲或者磨灭了我们的"敏感性",使我们麻木不仁。

麻木不仁有两种表现。一种是"麻木不仁"这个词的本义所指出的状态。但是,还有另一种"麻木不仁",它表现为多愁善感,表现为很感性、很"性情中人",表现为情怀论,以及表现为——敏感。

当我们说人在情感方面的表达已经非常"社会化"的时候,可能并不是在说人"不表达情感",而是指在一个我们的理性得不到自由表达、我们心中最关切的问题得不到展开、因此也就得不到在公共领域中训练与成长的现实中,我们只能表达感性,只能表达"情怀"。"抒情性",与一个被单一意识形态垄断了人的精神生命的社会的协作关系,曾被20世纪许多作家批判。比如,昆德拉的"刻奇"一词,以及阿多诺对于流行音乐在对人的情感内容进行规约化方面的作用等观点。也就是说,我们在很感性、很有个性、人人内心都很敏感的情况下,成为麻木不仁的人,成为构成一个封闭社会的一员。这是一种被生产出来的、社会化的不成熟,与文学中的那种意味着认知结构开放状态的"第二次不成熟"是完全不同的。这种社会化的不成熟，有它很成熟的面孔，而且它对认知结构开放的可能性不断挤压、发布禁令。

"敏感性"的危机有两种。第一种，并不是麻木迟钝。历史告诉我们，就连阿道夫·希特勒也有和蔼可亲、情感丰富的一面。所以，"敏感性"的第一种危机，我称之为"感性化"，也就是以"感性"削减认知范围，对认知内容进行单一化。我们正是很感性、很多愁善感地被置于一种认知禁闭之中。一个围绕绝对主义者建立的封闭社会，鼓励的正是"感性化"，而非理性，并且会鼓励对这种"感性化"不断加以巩固的文艺。可以说，所谓"主旋律文艺"，正是封闭社会的"感性化表现"，是一种绝对主义者的多愁善感。

所以，如果我们要在自己所从事的专业领域中保持一种语言正直和学术正直，那么要做的一件前提性质的事就是把"敏感"与泛文化语境中的"感性"区分开来，而且会冒着被指责为"不感性""太理性"的风险。比如，在新冠疫情中，人们会对一些提供了理性观点的人抱有好感，比如张文宏医生。但是，他的观点正好表现出，他对这件事的敏感判断，与当时的社会感性需求区分了开来。而且，也并不能说他就是"理性"的，恰当的说法可能是：他只是一个对"感性化"常识性地保持了距离的正常人。因为，被称为"理性"的精神活动正是一种直接性，是必须直接进入对于结构性问题的本质化追问。这种追问本身也必须直接置于历史知识与当代知识构成的"比较知识体系"（沃格林语）中去检查。无疑，社会化的"感性"阻碍了这种理性，阻碍了这种直接性。同时，关切这种直接性的人们也因此不满于一些关于这场疫情的写作者，因为在后者的感性化书写中，缺乏对于在这场灾难中显现的理性责任的真正敏感。而且，他们的感性化书写得以传播，也巩固了对于什么是理性责任的遗忘。这种现象在文学中就表现为：文学的敏感性退化为氛围性质的东西，比如一种文化氛围，一种感伤氛围。当我们说一些诗和小说看不进去，它们一点也"不感性"，一点也"不像诗和文学"时，常常就是因为这些文学作品并不提供那种氛围性质的文学性，而我们基于后一种有关什么是文学性的观念，失去了对文学的真正敏感。

敏感性的第二种危机，我们不妨称之为"社会现实主义"，也即一种刻板化了的对现象的实证主义说明。例如，人们常常会把文学视为对现实的模仿和复制，而社会现实主义便成为文学的唯一对照和评判对象。曾经，这种社会现实主义的文学观被视为陈旧过时的，但是我们尤其要注意和"保持敏感"的是：正是在一种貌似各个领域的专业主义语言都在"百花齐放"的"新时代"——例如我们所在的这个"永恒当下"，那些旧的事物才得以偷偷返回。比如，"社会现实主义"偷偷地、再次地成为当代人的文学理解力的潜在控制者。现代主义者们对社会现实主义文学的一种主要批判是：在社会现实主义文学之中丧失的，恰好就是现实感。这种现实感，或者哲学家谈的"实在"，是对存在境况的本质性认识。有时，它需要被激进化地对待。但是在社会现实主义文学中，现实感被等同为现成性了，也就是说，语言有一个顺理成章的、现成的"客观对应物"。但是，如果这个"客观对应物"不仅不是现成的，反而是破碎的、濒临死亡的，一旦接近人们就会发生认知撕裂呢？那么，关于它的语言，还可以是一种始终能够完好无虞、维持一致性的"再现"工具吗？事实上，人们对于那个带来认知危机的事物的感知，常常会导致自身认知崩溃。哈姆雷特在听到幽灵给他的任务之后，发生了一次认知崩溃。在贝克特那里，认知崩溃被喜剧化地处理了——比如，《等待戈多》里那个被叫做"幸运儿"的不断说话的躁郁狂。但是，当代的现实主义——一种区别于前现代的、被专业手段现代化了的现实主义——隐瞒了这种认知崩溃。后文中要读到的第三个文本，即但丁《地狱篇》的一个片段，就谈到了这种认知崩溃。

但是，正是这种认知崩溃，才给出了那个被认知的对象，它出现在从认知崩溃涌现的无知之中。诗人——至少是但丁意义上的那个置身于地狱中的诗人——保持了对这一认知对象的警觉和倾听能力，以及倾听的意愿和耐心。"保持敏感性"指向的并不是一种偶然、瞬间的感受，而首先是保持耐心。人文学科、诗学的训练，正是一种在耐心中保持敏感性的训练，但这种训练被专业主义的知识生产排挤到了边缘位置。"专业"一词的本意正是被这种在耐心中保持敏感性的训练所定义的，而且这正是一种古老的训练，就像对音乐家和"匠人"的训练一样。所以，当一些人文主义者说专业知识处于危机时，也是在说，那种正直的专业被一种伪善的专业主义置于危机之中，后者是对前者的替代。我把这称为一种"自我专业化"，和"感性化"一样，它正是对于由于它的存在才不可被抵达的那个事物的模仿。所以，在这个时代对各种事物与现象的解释中，我们会看到非常之多的专业主义解释，它们可以被视为麻木不仁的"自我专业化表达"，尤其是一种感伤的麻木不仁的"自我专业化表达"。

关于"何为敏感"，现在我们有必要尝试给出一个临时的定义。

首先，是对什么的敏感？为了避免对这个问题的解答过于宽泛，我就尝试仅限于前面所说的内容，来归纳出一些界定。

刚才我们已经提到，正是认知崩溃给出了那个被认知的对象，后者出现在从认知崩溃涌现的无知之中。但是，这才是知识的起源，不同于那种我们在专业主义的知识生产中所习得的东西。当哈姆雷特在进行针对丹麦王室的自杀性清洗之前，他说，他要"弃绝知识"，放弃那些书本上的、经院里的、大脑中的知识。但是一种哈姆雷特的知识，那个问"活还是不活"的人的知识，也由此产生了。幽灵给他的任务所带给他的认知崩溃，把他置于一种新的知识和具有危机性质的敏感性之中。

那么，我们由此可以说，"敏感性"的对象正是那种带给我们认知危机的东西，那种因为专业化、感性化的阻碍而失落的东西。由于这些东西并不总是能够被图像化，也并不一定能够被理论化地叙述，所以，我们需要用文学去抵达它。

而所谓"敏感"，狭义地说，是实质性的理解的开启，是一种精神活跃状态。这里要区别的是，精神活跃状态不同于亢奋状态，因为活跃有可能是平静和专注的，亢奋则不是。而从广义来说，所谓敏感是灵性的健康状态，它与真相保持着坦诚的关系，不论是存在处境的真相还是思想语言的真相，这种真相有时是其价值所在的显现，有时则是其负面的显现。

所以，这不是一种心理学意义上的"敏感"，而是灵性的健康状态。心理学意义上的"敏感"，也是一种实证主义的"敏感"。也许实证主义是我们这个"怀疑的时代"的过激形式。

再进一步，我们可以把"敏感性"理解为一种健康的警觉，是一种对于内在性而非社会化的认知的敏感。它不是和和气气的，但也不是偏激的，它是一种活跃状态。

然后，我们可能还要区分一下"敏感"和"敏锐"。大部分人可以产生"敏感"，但并不一定是"敏锐"的。"敏锐"是一种更为特定的表现，是被那种正直而非伪善的专业知识所规定的。比如，对于一个创作者和思想者而言，仅表现出"敏感"是不够的，对他来说，重要的不是一般意义上的"敏感"，而是专门的"敏锐"。再比如，文学写作领域的一种基本的道德就是反对陈词滥调，因为陈词滥调的一个主要后果就是感知的陈腐。其他领域的人，比如做学术、做影像、做艺术的人常常会说，某个东西（或作品）太文学了，不要那么文学。当他们这样说的时候，常常并不是在反对文学本身，而是在反对他们自身领域的感知的陈腐。

关于这些界定，我还想要补充的是，实质性的理解并非"排除感性"。

"感性"被滥用了，成为对"爱智慧"的一种感性化替代。因为，感性其实并没有被抵达，而正是在"感性化"之中失落了。感性没有被抵达的一个重要原因，正是我们对"感性"所意味着的心灵现象采取了一种"感性化"的对待方式。

我想建议大家，保持一种写非理论性的散文的习惯。比如，当我们观察一些学者时，可以脱离学刊论文体，从他们的感性认识中，观察他们的理解力的真实状况。一个常常有效的途径，就是看他们怎样写散文或者非学术目的性的文章。学刊论文体甚至诗歌，都可以在模仿、习得之中，显示出比较像样的面貌。但一个作者的真实智识和感受力、对事物的理解方式，在他所撰写的散文中更可能是藏不住的。所以，我们往往看到一些在学刊论文体和诗体方面都还比较像模像样的作者，其散文是一个"新概念作文"或者团干部讲话稿。而且，有时往往从一个作者对自然风景和对异性的描述中，就可以看到一种感知的陈腐。

接下来，我想通过三个文学作品的片段来谈一点自己对敏感性的理解。

· · · · ·

1. 艾丽丝·门罗的短篇小说《脸》

《脸》（门罗 2013，161–190）的主角（男，小说没有写出他的名字，只用了第一人称"我"）出生后，半张脸被一块猪肝色的胎记覆盖。他的父亲很厌恶他。男主角的整个童年时期，都生活在父亲对妻儿的麻木不仁和粗暴对待中。母亲一直保护儿子，培养他的自尊，也培养他的自我忽视。成人后，男主角一直住在父母的老宅里，工作是在电台朗读文学作品——这样就不用接触别人。小说以他回忆成长过程中父母的社交圈为主线：他们的邻居是一对母女，住在男主角父亲赠送的一间粉红色小屋里（他怀疑父亲与那个女人是情人关系）。那个女儿——南希——与他年纪相仿，也成了他朝夕相处的儿时玩伴。他的母亲也善待南希。但这种生活被一件事终止了：有一天，南希把半张脸涂成了红色，对男主角说，"以后我们就一样了"。他为此感到震惊，因为母亲的保护，他之前从没有想过自己的容貌问题。于是他逃跑了，回到家中，母亲为此震怒，从此停止与南希母女的往来。

男主角成年后一直独身，父亲也早已去世，他过着对爱情没有幻想的生活，并且习惯了自己与他人的距离感以及自己与自己的距离感。在一次午饭中，晚年的母亲告诉了他一件事：在发生如前所述的那件事之后，有一天，南希用刀割毁了自己的半张脸。男主角的母亲说："这么深的感情，孩子居然有。"

小说没有讲述南希的人生。在小说结尾，男主角被蜜蜂蜇伤，暂时失去视力，并住进了医院。他不知道这是真实发生的，还是幻觉。他听见一个不知道是不是护士的女人进入病房，与他聊天，读诗给他听，读到的篇目有些是他在电台读过的英诗名篇，他也凭记忆参与朗读。其中有雪莱的《西风颂》、柯勒律治的《忽必烈汗》和马修·阿诺德的《多弗海滩》。女人临走前，用半张脸靠近他的脸颊，轻轻对他说："没有人为你长久悲伤，为你祈祷，思念你，你的位置空空如也……"

后来，他找到了这句话的出处，是英国诗人瓦尔特·德拉梅尔[②]的一首诗的结尾。小说这样结束：

我当然明白，要是我认出了南希——比如说，在地铁，在多伦多——我们两人的脸上都有醒目的标记，最大的可能是，我们

[②] 瓦尔特·德拉梅尔（Walter de la Mare），英国诗人和小说家，代表作有长篇小说《亨利·布洛根》《侏儒回忆录》，诗集《燃烧的玻璃》，诗文集《到这里来》等。

想方设法做到的，恐怕只是一场尴尬且毫无意义的对话，急急忙忙地列举一些没用的事实当成自传。我会看到她修复得近乎正常的面孔，或者仍然显著的伤口。但是大概不会谈这个。也许会谈谈孩子。不管她的脸修复得怎么样，也未必不能有孩子，孙子，工作。我也可能不得已地和她谈谈我的工作。我们会感到无比震惊，情感受到强烈刺激，急不可待地想要走开。

你觉得这样能改变什么吗？

答案是当然，暂时，然后永不会再改变。（门罗 2013，190）

小说前半部分的不少段落都写到，男主角的父亲是一个愤世嫉俗又多愁善感的男性现实主义者，习惯于对自己的妻儿表示鄙视，对他们麻木不仁。在成长过程中，男主角的母亲很注意不让儿子看到镜子，训练儿子的自我忽视能力，其结果在母亲看来应该是较为理想的：男主角没有因为自己的容貌缺陷而心智扭曲，同时又习惯了对他人和对自己都采取一种保持距离感的心态。他先是被母亲训练，然后继续自我训练成为一个想要从自身完全去除自我关注倾向的人——一个反"那喀索斯情结"的人。

男主角脸上的那块紫色胎记，也许无须被过度诠释。但是，我仍然想小心地，把它理解为人身上的一种不可去除的不可理解性。它像一种原生经验，我们会在被教育与自我教育中忽视它，与它保持一种理性化的距离。那么，它也是不可共情的吗？

小女孩南希，想要与男主角共同承受那块胎记，这种情感如此强烈，即使只是一个孩子的情感。我们不知道南希的人生，这种留白，正是小说激起并且保存读者敏感的方式。我们至少可以确定，那块胎记的痛苦也转移给了南希，一定程度上，在男主角那里被有效管理和压抑的痛苦，在南希那里真正显现了。南希承受了一种双重命运，"胎记"成为"疤痕"，而且也原生化了，男主角因此可以在人群之中立即认出她的面孔，不论他们分别了多少年，各自经历过什么。

这个故事里的人，生活在一个不再有"那喀索斯"们的生存土壤的现实中。在这个现实中，"谁也不会为谁长久悲伤"。男主角的自我麻木不仁，是他生活在孤独中的方式，长期的自我心理训练使他在医院的那一幕中分不清经历的是幻觉还是真实。与男主这样的"自我麻木不仁者"相比，那个想要去与之共情的人，常常是更炽烈的。

我还想建议大家，把南希与锡兰电影《冬眠》[③]中的女主角进行对比。后者的经历，是一种在"客观对应物"面前的失败，她在她想要捐赠和共情（捐赠与共情都失败了）的一个贫困家庭面前认知崩溃了，陷入了意义危机。但同时，正是这种意义危机，她才被置于不仅对那个家庭的处境和命运，也对自己的真实认知之中。"敏感性"并不是舒舒服服地发生的，当托马斯·艾略特说"伟大的诗有一种令人不适性"时，也是在说，它带来了认知危机和意义危机。

这个故事的结尾是："答案是永不改变。"这是一个双重表达：一方面，男主角继续把自己保护在与自身敏感性的距离之中；另一方面，作者却因为这种距离化的手段，保存了抵达情感与内在性的通道。男主角继续生活在一个不再有那喀索斯们的生存土壤的现实中——在这个现实中，"谁也不会为谁长久悲伤"。每个人都作为一个与那喀索斯截然相反的人而生活，谁也不会去死在那个倒影如镜的池塘里——他们要活下去。

男主角和南希的外表，那张把他们的命运联系在一起的脸，并不能使他们结合。唯一能够使他们短暂共处的，是文学，是诗，尤其是一首英国诗人瓦尔特·德拉梅尔的关于空缺的诗。

[③] 《冬眠》是由土耳其电影导演努里·比格·锡兰（Nuri Bilge Ceylan）执导的196分钟剧情片，于2014年5月16日在法国戛纳电影节首映，剧情以退休演员、作家艾登与年轻的妻子尼哈尔的婚姻危机为主线。

而小说作者艾丽斯·门罗（Alice Munro）自己，也不会做出任何改变——那些超现实主义的、魔幻现实主义的、政治现实主义的美学改变手段，或者变形，都不会出现在她的笔下。只有在这一前提下，门罗所要表达的东西——那些被忽视的内在性，才可以呈现。也正因为如此，我们对于内在性的感知，在被这篇小说激活之后，才能被保持在一种人性的范围之中。门罗是那种不愿越出人性范围的作家，她不会注重去表现出何种美学形式上的、内容上的破坏性，她是一个母题作家，同时是一个人性主义作家。她从现实生活中寻找并打捞那些失落了的，但是可以被理解的内在性，修复我们的经验。我们正是在对现实的认知失败之后，通过阅读这样的作家的作品，而获得了一种认知重建，获得了对于那些被忽视的内在性的感知。

· · · ·

2．罗贝托·波拉尼奥《2666》的一个片段

第二个片段，出自罗贝托·波拉尼奥（Roberto Bolaño）未完成的长篇小说《2666》。在三个傲慢的欧洲白人文学评论家——让·克劳德、曼努埃尔、丽兹·诺顿——面前，被此三人歧视的墨西哥知识分子阿玛尔菲塔诺进行了一番独白。这是《2666》中让我印象至深的片段。在读到这个片段之前，有很长一段时间我没有能够进入《2666》。这个片段为我开启了这本杰作，以后我又把这个片段推荐给了许多朋友。因为它如此精彩，在此，我想要全文摘录。

让·克劳德说："所有的拉丁美洲知识分子现在只关心活着，不是吗？"

阿玛尔菲塔诺说:"我是不会用这种话语表述的。比如,有些知识分子对写作更感兴趣。"

"来,解释解释!"曼努埃尔说道。

阿玛尔菲塔诺说:"实际上,我不知道怎么解释。墨西哥知识分子与权力的联系源远流长。我不是说人人如此。有非同寻常的例外。这不是说投靠权力的人们都是居心叵测的。甚至连这样的投靠也不是符合规矩的投靠。我们可以说,投靠仅仅是找工作。但是是与政府一道工作。在欧洲,知识分子在出版社或者报社工作,要不然就是依靠老婆养活,要不然是父母社会地位优越,每月给儿子一笔开销;要不然知识分子当工人,或是犯罪,他们靠劳动过正当人的生活。而在墨西哥,也许墨西哥的情况可以扩展到整个拉丁美洲,阿根廷除外,知识分子是为政府工作的。以前是为革命制度党,现在是为民族行动党。从知识分子角度说,他可以是政府的积极捍卫者,也可以是批判者。政府不在乎!政府养活知识分子,暗中注意着知识分子的动向。有这么一大群几乎是废物的作家,为政府可以做些事情。什么事情呢?驱邪!改变或者至少企图影响墨西哥时代。管他有没有麻子,先涂上一层脂粉再说罢了。当然,情况并非总是如此。知识分子可以在大学工作,或者更好一点,可以去美国大学教书;那里的文学教研室跟墨西哥的文学教研室一样糟糕。但这并不排除深夜有人给你打电话,给你提供一份政府里的好工作,一份高薪的职务、知识分子也认为自己受之无愧的职务;知识分子总是认为自己可以受之无愧地接受什么。这样的机制让墨西哥作家闭目塞听,会让他们发疯。比如,有些人动手翻译日本诗歌,可是不懂日语;有些人干脆酗酒麻痹自己。我认为阿尔曼特罗并无奢求,他两样事都干。

在墨西哥，文学如同幼儿园、托儿所、学前班，不知你们明白不明白？气候很好，太阳高照，你可以出门，去公园里坐坐，打开一本瓦莱里的著作，可能瓦莱里是墨西哥作家最喜欢阅读的作家了，然后去朋友家走走，聊天。可是你的影子已经不再跟着你走了。不知什么时候，影子已经悄悄地离开了你。可你假装没有意识到，但实际上有所察觉，你那个鸡巴影子已经不跟着你走啦；可是，这有很多方式可以解释，什么太阳的位置啊，什么阳光在你没戴帽子的脑壳里引起的潜意识程度啊，什么酒精摄入量啊，什么像地下蓄水池那般庞大的痛苦的活动啊，什么对可能偶发事件的担心啊——这是一种潜移默化的疾病，什么受伤害的虚荣心啦，什么一辈子至少守信用一次的愿望啊。实际上，你的影子消失了，你暂时把它给忘记了。就这样，你没有影子跟着，来到了某种舞台前，开始了解读或者重新解读或者歌颂现实生活的工作。这里所说的舞台是前台，这个前台的背景有个巨大的管道，它有点像矿洞，或者像巨型矿山的入口。或者可以说是个山洞。不过也可以说是一座矿山。从矿洞里传出一些依稀难辨的声音。是些模拟的声音，是些垂死挣扎或者诱惑人的音节，或者是诱人致死的音节，或者有可能就是私语、低语和呻吟。实际上，没人真正看见矿洞。一台机器、一套灯光的变幻、一套控制时间的设备，遮挡了视线，观众看不清矿洞周围的情况。实际上，只有最靠近前台的观众趴在乐池上，才可以看到厚厚的伪装网后面什么东西的轮廓，而不是那东西本身，但至少看到了轮廓。别的观众，除去前台，什么也看不见，或许可以说，他们也没兴趣看别的什么。而那些没有影子的知识分子总是脊背对着前台，因此除非他们脑后长了眼睛，什么也不可能看见。知识分子只是听听从矿洞深处传来的杂音。然后，知识分子就解读这些杂音，或者重新阐释一番，或者进行再创作。知识分子的工作，说到底，可怜之极。著述中花言巧语，让人感觉是一场暴风骤雨；高谈阔论，让人感觉十分震怒；写作中严格遵守规范，里面只有沉默，既不振聋也不发聩。知识分子说些'啾啾、喵喵、汪汪'，因为巨型动物或说巨型动物的缺席，他们没法想象。另外，知识分子工作的舞台非常漂亮，非常有想法，非常迷人，但是舞台的体积随着时间的流逝而逐渐缩小。舞台的缩小丝毫没有减弱舞台的效用。仅仅就是舞台越来越小，观众席越来越小，观众数量自然也越来越少罢了。当然，这座舞台存在的同时，还有别的一些舞台。随着时间的推移，还增加了一些新舞台。有绘画舞台，很大，观众不多，但每位观众，用一种说法吧，都很高雅。有电影和电视舞台。这个舞台的容量很大，总是爆满，前台年复一年地快速增长。有时，知识分子，对这个舞台的阐释者，也作为特邀嘉宾登上电视舞台。在这个舞台上，矿洞还是那个矿洞，稍稍有些角度的变化，虽然也许伪装变得更加厚实，矛盾的是伪装里充满了幽默元素，尽管这元素散发着臭味。这个幽默的伪装自然是为许多说法服务的了，为了让观众更容易理解和为了赢得公众的眼球，这些说法最后总是缩小为这两点：理解和眼球。有时，知识分子也长时间占领电视舞台。从矿洞里继续不断传出喊叫声，而知识分子总是错误地解释缘由。实际上，虽然理论上知识分子是掌握话语的主人，但是根本没有能力丰富语言。他们使用的漂亮话语全都是从前排观众那里偷听来的。人们常常叫这些前排观众为'鞭打派教徒'。他们有病，每过一段时间就要造词——编造恶心的词汇，这些人的死亡率很高。工作日一结束，剧院关门，矿洞口就用大钢板堵上。知识分子就打道回府了。月亮是圆圆的，夜间的空气是纯纯的，真是月色可餐啊！从什么地方传来了歌声，音符传遍大街小巷。有时，某个知识分子会走错路，一脚踏进酒馆，喝龙舌兰去了。于是，他想某一天他会出什么事情。但不会有事。什么也不想了。一味地喝酒和唱歌。有时，某人以为看见了一位传奇性的德国作家。实际上，他只看见了一个影子，有时看见的就是他自己的影子，每天夜里走在回家的路上，避免知识分子累死或者吊死在门框上。可此人发誓说他看见了一位德国作家，还把自己的幸福、自己的生活秩序、自己的眩晕感和欢快情绪统统寄托在这个誓言中了。第二天早晨，天气晴好。阳光普照，但不灼人。你可以安心出门，身后跟着自己的影子，驻足于公园，阅读瓦莱里诗篇。这样直到末日来临。"

丽兹说："你说的这一套，我一点也不明白！"

"实际上，我只是说了一些蠢话。"阿玛尔菲塔诺说道。（波拉尼奥 2012，127-129）

这段独白中提到了保罗·瓦莱里（Paul Valéry），他是"纯诗"理论的代表人物。之后，这种早期现代主义的"纯诗"观刻板化了，关于它的争吵至今依然不休。那么，"巨型动物"指什么？

三个麻木不仁的欧洲白人批评家无法理解阿玛尔菲塔诺的话语，无法理解这一申述时刻，无法正视其内容。在墨西哥本土知识分子的自我申述面前，三个逡巡于国际理论市场、不断重组性关系并熟谙"作者的解构"的批评家——他们堪称当代西方文学批评的人形化身——却是更为教条化的作者中心论者。他们对墨西哥人的训诫也失败和失落了，尽管墨西哥人的话语同样也无法抵达他们。阿玛尔菲塔诺在三位不以为然的听众面前的直叙胸臆块垒，也加速了他的落后倒退性——其表达的语速，仿佛也是呈现其过时性的速度。

"巨型动物"不仅是在三位当代白人批评家的话语体系中缺席（而且是禁忌）的东西，也是阿玛尔菲塔诺们所失落的东西。它像卡瓦菲斯《等待野蛮人》中的"野蛮人"一样，永远不会到来，也像不可能产生的"人民"，像一切对于当代批评家们而言，那些前现代的、太前现代的幽灵。当然，阿玛尔菲塔诺们也很容易被反驳：不论"巨型动物"是什么，都已经萎缩成为他们的"怨恨"，变成了投射在当代知识之墙上的幻影。

"你可以安心出门，身后跟着自己的影子，驻足于公园，阅读瓦莱里诗篇。这样直到末日来临。"阿玛尔菲塔诺以苦涩的嘲讽结束独白。但是，阿玛尔菲塔诺独白的文学性，也只是过时的现代主义对于主体和意义的想象。当阿玛尔菲塔诺说"我本来以为 20 世纪最优秀的德语作家是卡夫卡呢"，三个欧洲人矜持地揶揄了他。阿玛尔菲塔诺还不放弃地继续问："你们看过彼得·汉德克的作品吗？还有看过托马斯·伯恩哈德的作品吗？"——于是，"哎哟，真讨厌，三位欧洲文学评论家心里说"。

至此，不免会令我们这些中文读者想起，阿玛尔菲塔诺提到的这几位德语作家的作品在当今中文世界的传播。这些德语作家的作品迟迟出现中文世界里，以至于他们好像刚刚才出现在文学中。接下来，"阿玛尔菲塔诺被攻击得体无完肤"。那么，我们呢？我们是欧洲白人批评家与墨西哥人之间的人，是那些在话语的群交之床和墨西哥人的无名者的洞穴之间的"别的观众"吗？

三位批评家对"巨型动物"毫无兴趣，他们屈尊俯就，来到了阿玛尔菲塔诺的国家，无意于做田野、蹲点或对话，而是为了追寻那个影子作家——德国人阿琴波尔迪，那个"作者中的作者"，那个并不以"作者之死"的方式袭扰了三个后现代文学批评家关于"作者在场"的知识的人，那个让三个白人感到自己被书写了的人。

三位批评家中的女性丽兹,对土气的阿玛尔菲塔诺说:"你说的这一套,我一点也不明白!"阿玛尔菲塔诺则放弃性地回应:"实际上,我只是说了一些蠢话。"

那么,"巨型动物"是大陆与大陆之间失去了共性的表现吗?以三个专业主义批评家的视角,无法理解那个墨西哥人所说的话——用一个我们今天的流行词来说,这个墨西哥人会被三个白人批评家视为"土锤"。三个批评家只是对一个隐秘如谜的现代主义者的幻影感兴趣,而墨西哥的现实,只是折射了这一幻影的镜子。

共性失去了,而且,谁也不会为谁长久悲伤。在今天,我们不仅会看着他人的悲伤而无感,还会小人心态地为之兴奋,幸灾乐祸。

三个欧洲当代白人批评家,失去了"综合感受力"的知识分子,对那个奇特的、隐士般的老派现代作家的寻找,正是他们失去了文学感受力的表现。他们不知道,他们事实上寻找到了别的、一些他们无视而作者看重的东西:阿玛尔菲塔诺所说的一切。他们的傲慢是很典型性的,但确实,又是真实的。

· · · ·

3. 但丁《神曲·地狱篇》的一个片段

最后一个片段,出自《神曲·地狱篇》第五歌。在这段诗中,我们可以看到,过度的共情(它的较早名字是"联觉"与"通感")压倒了一个人——作为活人肉身出现在地狱中、保持着倾听意愿的诗人但丁。这段诗,是关于"认知崩溃"的一次经典表达。

但丁与维吉尔看见地狱半空中的鸟群般被飓风吹动的鬼魂群体,但是,这条运动不止的亡灵之链却可以为诗人但丁停留片刻。由此，幽灵行列中的保罗与弗兰采斯加这对情人的鬼魂，得以和但丁对话。

> 我开始说："诗人，我极愿
> 和那两个在一起行走，并显得
> 在风上面那么轻的人说话。"
> 他对我说："他们靠得更近时，
> 你将看到；那时，凭那引导他们的爱，
> 恳求他们；他们就会过来。"
> 一等到风把他们折向我们时，
> 我扬声说道："疲倦的灵魂啊！
> 假使没有人禁止，请来和我们说话。"
> 如同斑鸠为欲望所召唤，
> 振起稳定的翅膀穿过天空回到爱巢，
> 为它们的意志所催促：
> 就像这样，这两个精灵离开了
> 黛多的一群，穿过恶气向我们飞来：
> 我的有深情的叫声就有这种力量。
> "宽宏而仁慈的活人啊！
> 你走过黑暗的空气，
> 来访问用血玷污土地的我们；
> 假使宇宙之王是我们的友人，
> 我们要为你的平安向他祈祷；
> 因为你怜悯我们不幸的命运。
> 当风像现在这样为我们沉寂时，

凡是你乐于听取或说出的，
我们都愿意倾听和述说。
我诞生的城市，是坐落在
波河与它的支流一起
灌注下去休息的大海的岸上。
爱，在温柔的心中一触即发的爱，
以我现在被剥夺了的美好的躯体
迷惑了他；那样儿至今还使我痛苦。
爱，不许任何受到爱的人不爱，
这样强烈地使我欢喜他，以致，
像你看到的，就是现在他也不离开我。
爱使我们同归于死；
该隐狱在等待那个残害我们生命的人。"
他们向我们说了这些话。
我听到这些负伤的灵魂的话以后，
我低下了头，而且一直低着，
直到那诗人说："你在想什么？"
我回答他，开始说道："唉唉！
什么甜蜜的念头，什么恋慕
把他们引到了那可悲的关口！"
于是我又转过身去向他们，
开始说道："弗兰采斯加，你的痛苦
使得我因悲伤和怜悯而流泪。
可是告诉我：在甜蜜地叹息的时候，
爱凭着什么并且怎样地

给你知道那些暧昧的欲望?"

她对我说:"在不幸中回忆

幸福的时光,没有比这更大的痛苦了;

这一点你的导师知道。

假使你一定要知道

我们爱情的最初的根源,

我就要像一边流泪一边诉说的人那样追述。

有一天,为了消遣,我们阅读

兰塞罗特怎样为爱所掳获的故事;

我们只有两人,没有什么猜疑。

有几次这阅读使我们眼光相遇,

又使我们的脸孔变了颜色;

但把我们征服的却仅仅是一瞬间。

当我们读到那么样的一个情人

怎样地和那亲切的微笑着的嘴接吻时,

那从此再不会和我分开的他

全身发抖地亲了我的嘴:这本书

和它的作者都是一个'加里俄托'④;

那天我们就不再读下去。"

当这个精灵这样地说时,

另一个那样地哭泣,我竟因怜悯

而昏晕,似乎我将濒于死亡;

我倒下,如同一个尸首倒下一样。(但丁 2013,39—43)

---

④ 朱维基译本注释中说:"加里俄托是《湖上的兰塞罗特》传奇中的一个角色。兰塞罗特和归内维尔皇后的第一次相会,是由他撺掇而成的,故在这里'加里俄托'是用为'淫媒'的同义字。"(但丁 2013,42)

"但丁在保罗与弗兰采斯加面前昏厥"。威廉·布莱克，*The Circle of the Lustful: Francesca da Rimini* (*The Whirlwind of Lovers*) (1826—1827, reprinted 1892)。泰特美术馆（Tate）藏

    关于但丁的昏厥，一直有各种解释。比较常见的一种解释是，他因为看到鬼魂也可以在地狱中与相爱的人在一起，而他却不能，因此悲伤压倒了他。我的理解是，但丁在此经历了一种认知崩溃，因为过度的共情而被压倒了，他的感官崩溃了。无法承受的对苦难的感知（此前的地狱之路中一直在铺垫，地狱中的事物不断冲击着他的感官的边界），超出了但丁的肉身所能承受的极限。可以说，地狱也是一个共性的废墟。如此多的死者（"我从未想到死亡毁了那么多的人"），如此多的失去了感知与被感知能力的灵魂（当然，有一个例外，作为肉身来到这个现场的诗人但丁），共在于这个"非共在"的，并且是彻底的"非共性"的处境中，每个死者都绝对的封闭、孤独和永无休止地面对着他们的无未来，这就是地狱。对无未来者的过度共情压倒了一个人，使后者感知崩溃。无法承受的感知对象，超出了探访/倾听者但丁的肉身的感官极限，于是发生了昏厥。⑤

---

⑤ 关于"无未来者"，后来的诗人托马斯·艾略特也在《灰星期三》中提及，该诗意象的源头之一也是《地狱篇》。

在这个片段里，敏感性并不像一般的感性那样，在对所见所闻所带来的感官刺激的记述中显现，而是当但丁的感官崩溃时，才与认知危机、语言的死亡（或濒死状态）一同显现。苦难太多了，但是这些苦难又如何被理解与承受呢？而且，如果这些苦难是不可研究的，又怎样被理解呢？那些具有价值普遍化功能的人道主义话语，是否也是对苦难的一种遮蔽呢？

可能，我们都读到过或依稀记得一些古典悲剧中悲痛欲狂的场景，那些场景一直在文学中演变，有时，在现代文学中成了一种含而不露的或者背景化了的东西。现代的敏感性，往往以蕴含着毁灭性的事物为背景。但无论如何，文学中一直允许对苦难的异常化表达。对于和文学发生着关系的人们（包括作者和读者）来说，理解苦难伦理，不仅是理解"社会意义"层面的伦理，更是理解在不同的艺术异常化表达中呈现的伦理，因为这些艺术异常化表达常常偏离社会要求。

那么，以"诗与真"这一古老命题为前提，我们怎样得到我们的认知冲动与那些其真假常常不可验证、我们对其缺乏证据（大多数人没有进入灾害或社会事件现场的能力）的极端事件之间的关系的真实性呢？之所以提到"真实性"，是因为我们通常认为通过实证主义或者专业主义的方式，才可以获得"真实性"，因此我们也就直接或间接地允许了"真实性"被垄断。我们认为，"文艺性的事物"是一种失真（比如"煽情"和"景观化"），于是我们就越来越只要求可以作为直接对照的"真实性"，而不能接受经过了转化的东西。我们对"真实性"的认识也因此退化了。我想，这也是因为共性的纽带断裂了，或者共性/共情已经异化成了一种自我循环的莫比乌斯环。而且，我们也处在一个共性的废墟之中。

叶芝曾写道："……穿过我青春的所有说谎的日子/我在阳光下抖掉我

的枝叶和花朵；/ 现在我可以枯萎而进入真理。"⑥那在阳光下招摇的正是感性的叶片，"枯萎而进入真理"才是对真相的敏感性的开启。"枯萎而进入真理"，就是去经历一种如同语言枯萎般的认知危机，而这才是激起对于"真"的敏感性的条件。有两种敏感：一种，是一般化的"美学敏感"，或在某个专业领域语境中所说的"敏感度"，比如我们对一个问题、一种文本形式、一种美学可能性的敏感；另一种，是对危机性的敏感——是那种在"枯萎而进入真理"的精神过程中发生断裂、凋落和变得"枯萎"的危机性。也许，后者才是我们面对苦难、面对共性的废墟时的真实状态。当我们面对每次极端事件、每一场灾难和战争中的那些压倒性地发生，而且迅速变得不可研究的死亡时，我们同时经历的也是自己语言的死亡。作家，是在被破坏与自我破坏中不断生成的。或者说在现代世界，面对一种令人难以承受的社会现实和公权力现实的作家，尤其会是这种状态。所以，当他们表达他们对世界之真的敏感性时，常常并不会那么具有令人感到舒服愉悦的文艺性或者文学性，也就是说，他们的感受力并不可以被"感性化"顺利地纳入和叙述。

还有一种情况，"枯萎而进入真理"所激起的对世界之真的敏感性，也蕴含了使我们把自己当作法官去审判他人的可能。但是，敏感性不仅是对现实的刻板化，也是对敏感性自身的刻板化保持警觉。

现在，我们可以简要回顾一下以上三个片段所指向的东西：

第一，艾丽斯·门罗的短篇小说关于人类共情能力这一主题的人性主义表达。门罗这样的小说家好像并不追求现代先锋美学注重的形式意志，

---

⑥ 出自沈睿译威廉·巴特勒·叶芝的短诗《随时间而来的智慧》，全文为：
虽然枝条很多，根却只有一条；
穿过我青春的所有说谎的日子
我在阳光下抖掉我的枝叶和花朵；
现在我可以枯萎而进入真理。

而是服务于具有普遍意义的文学题材，有意识地让笔下若干形式简约、视角独到的现代生活故事具有文学母题的色彩。

第二，在《2666》中，世界的各个部分，大陆与大陆之间、地区与地区之间在失去了共性纽带后的认知现状与伦理境况，以及人对他人的并非因为"无知无识"，而是来自"知识"的无感——或者说，"有学识的无知"的当代表现。

第三，但丁的诗行表现了感知的濒危状态，以及在共性的废墟——地狱——中的、如此多的失去了感知与被感知能力的无未来者。并且，地狱也是一个"非认识区"。

"非认识区"不只是不断显现在现实中——好比我们喜欢说"天堂、地狱都在人间"，而且正是现实的主要构成要素。有时，"非认识区"也是在公权力命令、美学命令之下产生的认知禁区。在这里，我们也许可以对马克斯·韦伯在《以政治为志业》（1998）一篇中对"意图伦理"⑦和"责任伦理"的著名区分再做一点粗浅的理解。"意图伦理"是一种符号利润的工具，从历史价值中获得意义层面的利益，比如作家只是表现出"有良心"就够了，并不需要落实对良心的对象的持续认识，并且并不直接置于对结构性问题的本质化追问这一理性活动之中。作家只停留在一种感性的、象征性的语境里就够了。相比而言，"责任伦理"就必须被那些在认知危机中涌现而出的他人所规定，而不是被作家自己的文学性所规定，它要求作家——也要求我们，从象征性的语境出走，走向那种理性活动。

我希望，我们以认识危机中涌现而出的他人、以"非认识区"、以那种反对"感性化的骗局"的理性意志为前提，去谈"现实感"。并且，这样的"现实感"才是我们共同的临时停靠点。在这里，我们——不同领域的

---

⑦ "意图伦理"是林毓生的译法，也是中国大陆较为通行的译法，此外，钱永祥也译为"心志伦理"。

人——才可以进行对话。当代文学的"现实感"的变迁，不论它们参考了多少政治学、哲学、人类学的经验，我想都是根据这一内在原则而转变的。也正是这一内在原则，影响着我们的想象力的方向和对写作伦理的理解。

【参考文献】

[意] 阿利格耶里·但丁著，朱维基译，2013，《神曲·地狱篇》，上海：上海译文出版社。

[加] 艾丽丝·门罗著，张小意译，2013，《幸福过了头》，南京：译林出版社。

[德] 歌德著，钱春绮译，1989，《浮士德》，上海：上海译文出版社。

[智利] 罗贝托·波拉尼奥著，赵德明译，2012，《2666》，上海：上海人民出版社。

[德] 马克斯·韦伯著，冯克利译，1998，《学术与政治》，北京：生活·读书·新知三联书店。

水系计划
算法生存、技术治理和避难所的生态视角

曹明浩、陈建军 [①]

一、水系计划的缘起与问题意识

"水系计划"的研究起点是坐落于四川岷江上的都江堰水利工程。古人正是利用了河床高点与山前平原的地势落差，运用高超的水利技术，开创自流灌溉的水利系统，灌溉了整个成都平原。在这里，水系之"水"是物质生态，"系"则是物质生态和人类社会互动后在特定历史时期中形成的一种复杂的实现方式，它是一种中间性的关系，是从一个中空的空间出发的。这种关系从"水"和人类当前的社会环境现实之间的纠缠空间发展而来，既不是以一个反应式的被动模式去保护"水"，也不是保守，只强调人类社

[①] 曹明浩和陈建军是常居成都的艺术家，他们在旅行中工作。他们的实践以研究为基础，注重过程和双向性合作。他们于2015年发起"水系计划"，这是一个基于研究、对话和多种合作的长期艺术实践项目。该项目基于位于四川岷江山脉和平原之间的都江堰灌溉项目——这一世界上最古老的无水坝引水工程至今仍在使用。2022年，这一项目参加了卡塞尔文献展。本文根据2020年11月两位艺术家在浙江大学社会学系的同名讲座改写，讲座获凯风基金会支持。

会的生存。我们利用这个基本上没有受到现有自然反思探究影响的空间地带来讨论水系的流变，建构对未来的重新想象，实践水系之"水"的持续漫延与人类社会之间存在的成千上万种的可能。我们从 2015 年开始进行这项长期艺术研究与实践项目，主要的工作内容是对都江堰水系及其涉及地域和受其影响的社会进行实地考察，重新审视都江堰水系的历史流变和现实面貌，并创作相关主题的、多种媒介形式的艺术作品。我们试图从这座历史性的水利工程及其创造的场域出发，来探索现代以来人与自然愈来愈紧密的互动所带来的一系列问题，回应当下日益重要的生态主义观点，并提出新的思考与实践（包括社会的与艺术的）可能。

让我们先从几张图谈起吧，来说说"水系计划"是受到了何种激发才展开的。第一张是"分配图"。在都江堰二郎庙所在的山上有一个小而美丽的老子道观，观中碑文上说："至上不居于高位；变化不违反自然。"这与我们搜寻到的所谓"分配图"简直不谋而合。这张"分配图"可理解为都江堰水利工程的某种技术工具，也能帮助我们理解清末的农业秩序，以及当时都江堰水系的空间分配和管理方式。其透露出的技术和管理方式是极

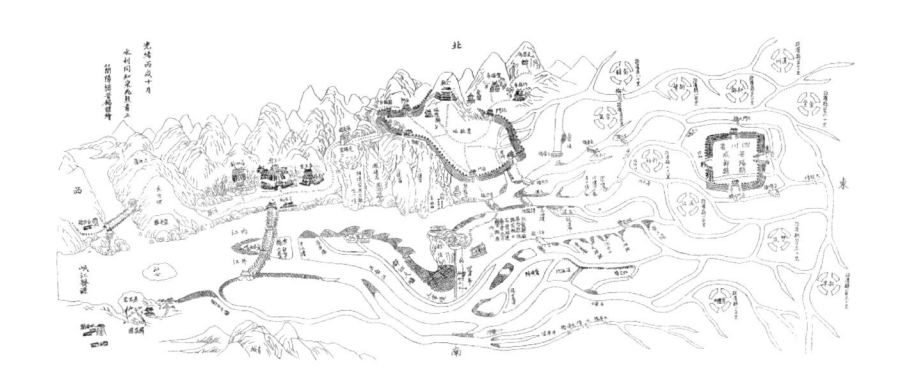

"分配图"，清末，相纸。原图名为《清末灌县至成都间水道示意》，亦可见：郭涛著，1989，《四川城市水灾史稿》，巴蜀书社，377 页

富道家精神的，这一点也分别体现在灌区内的川主庙文化网络和现存于世的唯一一本有关都江堰水利工程的技术专著《灌江备考》之中，这本书由二王庙道观的王来通道士所著。《灌江备考》是公认的研究都江堰古代水利技术的必读文献。在"分配图"中，可以看到人类与河流的合作关系，以及如何巧妙使用自然机制的技术，这种技术很明显区别于现代普遍使用的科技治理方式。

第二张图是 20 世纪 70 年代绘制的《都江堰总体规划示意图》，也是一张"分配图"，这是我们在实地考察过程中偶然找到的。根据图中的描述，规划的红色区域（三合堰、人民渠、东风渠、解放渠）为 20 世纪 50 年代新建或改建的渠道，而绿色区域均为更早历史时期的都江堰干、支渠（称河或堰），大片黄色区域为未来规划开发区域，其中大部分没有实现。不过这已经完全超出了这座古老的水利工程系统所能承受的生命极限。由此可见，当时都江堰水系的状况不仅和历史上的情况不同，和当下的水利布局差别也很大。可以推测，在 20 世纪中期冷战的国际背景下，再加上作

都江堰总体规划示意图，20 世纪 70 年代，纸质。
此图由艺术家曹明浩、陈建军在一处旧书店购买获得，现由上海当代艺术博物馆藏

为社会主义国家的中国刚刚建立，水系建构有着明确的政治经济主张，即大力发展农业生产力，因为"水利是农业的命脉"，而非仅仅从日常水利功能与自然条件出发来规划（当然，也并不存在纯粹的"功能"与"自然"）。我们在实地考察中还发现了一个有意思的事情：20世纪50年代苏联援建了一个电站大坝，就位于今天的都江堰鱼嘴分水堤附近。虽然部分建成后因技术问题一直都没有使用过，但至今仍和作为景区的都江堰工程默默并置着，甚至变成了一个旅游公司进行商演的舞台。从这两个例子中，我们可以看到冷战意识的痕迹，看到20世纪50年代苏联援建技术的遗留和影响，看到政治如何试图改造岷江流域的生态地理结构，如何在当时形成对水资源控制的特定想象，又如何留下了长久的遗产。对这些历史的深度描述在有关都江堰的文献里面一直是缺失的，只有通过实地考察才能发现。

而在另一张有关成都平原水利的印刷品中（我们称其为"通俗图"，此文中未展示），创作者显然通过主观想象，用手工绘图，把成都平原水利面貌收入想象的地图空间里。战后新建立的民族国家政治对艺术提出了新的

紫坪铺水坝效果图，时间不详。图片来自网络

要求，在此背景下制作出的地图视觉方案充满了对都江堰的美化、赞美与期待，并用一个象征性的、非具象的水系来描绘优秀的历史遗产和国家发展的美好未来。而这个想象的未来并不是客观的，也有很强的政治宣传目的，而当时可见的、切实的未来恰恰是充满不确定性的。

这些图像资料和相应的实地考察经验激发我们投身于这项拥有在地视野的长期艺术实践。我们的关注焦点是都江堰水系的历史流变及其背后的力量，并试图重现水系本身是如何被一次次重绘和重新想象的，从而深入都江堰构筑的水系内部与外部社会之间、之外的空白地带。这一地带在此前的学术研究和社会实践中都鲜有触及。我们进入这一议题的方式是通过艺术／社会实践，也是一种"感性"的人类学、生态学和地质学研究。

为了进一步说明问题，我们需要简明地谈一下"流变"和"重绘"。"流变"可以以发展、扩张、收缩、闲置、废弃、消失和再治理等不同的形式发生。我们目前看到的都江堰是一个国家重点文化保护单位，也是一个旅游景区。在这种情况下，原来都江堰在地理空间中模糊和变动的边界，都江堰与下游社会现场的动态关系，现在都被景区的有形物质空间固定下来了，其边界也被固化了，其基本样态在某种程度上也被博物馆化了。而这绝不是历史中的都江堰，不是持续变化的、多元的都江堰。都江堰是复数的；都江堰经历了长期的历史流变，不是固定不变的。博物馆意识的叙述遮蔽了这些变化，带来了更多的困惑。只有进入实地考察，才能观察到都江堰作为多重形式存在的"现场"。其周围有太多没有被解释过的"出现"与"消失"，有待我们追寻。"重绘"，是指不同时期对于都江堰"水系"的想象和再想象。"重绘"试图勾勒出超出传统地理学意义的新地理概念，可能涉及历史、政治、文化、山水、气候、地理、地质、社会等方方面面。前文提到的20世纪50年代对于都江堰的想象就是一个有意思的例子。都江堰在改革开放后逐渐博物馆化、景点化之后，又产生了一种新的重绘和话语。而我们所希望看到和实践的重绘，应该是有未来性的对于山水、自然和社会的表达；希望建构不同于现有水利管理机制以及相关实证科学所有的新的水系认知方式，并可能推广到对于人和自然一般关系的替代性理解。

我们以都江堰上游的紫坪铺水库为例来具体说明一下。该水利枢纽综合项目位于都江堰市麻溪乡岷江上游干流处。由于成都平原的现代化进程加速，对于水源的需求比农业经济占主导的时期大大增加，原有的都江堰工程已经无法满足用水需求。为此，人们认为成都平原的发展需要连续的现代水系治理与世界级的水利技术，这是在都江堰之上再建造一个紫坪铺水库的经济原因。在全球化的新技术条件下，都江堰水系的形态可以被重新想象；岷江本身和周边复杂的地质环境都以网络技术中显示的形态出现在可控的设计中并被加以讨论。这是一种典型的技术治理下的"液体神话"，是一种人类中心主义的控制幻想。实际上，紫坪铺水库建成后几年，就出现了一些勘测设计上的问题，包括没有严格考虑处于地震带上的风险，目前处于低效的运转状态。在某种意义上，管理者希望借此彻底改变水系生态脉络的主要策略失败了。更为吊诡的是，如果紫坪铺水库正常运转，那么岷江水量会发生重大变化，都江堰主体部分实际上丧失了调节水量、灌溉和防洪等所谓的重要功能，基本上沦为一个摆设。这在都江堰景区的介绍中是不会出现的。在官方的话语中，都江堰千年以来一直灌溉着成都平原，至今仍发挥着重要的水利功能。博物馆化以后的都江堰成了民族国家运作水的一个抽象表演"装置"，而紫坪铺水库的建立和城市化进程进一步加速了这一点。都江堰不再关乎上下游水系在资本与权力运作下的重组；资本与权力在别处运作。这个例子里有"重绘"，也让我们看到了都江堰水系的重要流变。长时间的实地考察工作，使得我们可以反复往返于都江堰所在的具体地质空间和其所嵌入的具体社会关系网络，来讨论都江堰水利中太多没有被解释过的问题和被忽略的细节。

二、"水系计划"中的艺术作品

下面我们将从一些具体的作品来试着聊一聊这些核心问题，这些作品都是我们在长期的在地研究中逐渐创作的。

1.《水系博物馆》

首先是 2015 年创作的《水系博物馆》。我们经由一条临时的行走路线，沿途开展合作，进行艺术展示与举办工作坊，试图重绘出从广滩村、昆山新村、刘家濠大朗堰、全家河坝到都江堰景区和美术馆的"水系想象"，力图发展和孕育出新的社会关系。这条路线包括特定地点中的实践搭建。

"一个造船合作坊"。新津县广滩村位于都江堰下游金马河与西河交汇处，因其"三面朝水，一面朝天"，孕育了远近闻名的手工造船业。1979

曹明浩、陈建军，《水系博物馆》的工作坊，2015 年，数码图片

年，新津水运终结；到了 2000 年夏天，南河步行桥进一步开通，新津渡船也从此结束。在广滩村，我们发现一家名为"程家作坊"的船坊内堆叠着木船、运沙船、龙舟、造船工具，以及一条一直未销售掉也从未下水的摆渡船。我们与之展开合作，并通过日常交流、聚餐和在茶铺的对话联系到那些失去造船谋生机会又丧失了种田技术的村民，以及在别处还在造船、买船的人以及研究者和非物质遗产保护者等，组成了"一个造船合作坊"，以便唤醒和发现有关都江堰下游自然与本土产业的集体记忆。

昆山新村的"水与井"计划。被划入新农村试点区域的昆山（双流区金桥镇昆山新村，也是成都第一个社会主义新农村建设的试点村）一直处于改造变化的状态中。例如，村落的水井在土地整合的过程中被填埋了，"水"将人们联系在一起的具体社会关系也发生了变化。许多自然村落的居民现在被安置在规划中的仿城市商业小区里，原本的昆山地方历史和人地关系几乎消失。我们在最终的《水系博物馆》装置中展示了四张名为"水与井计划——合作与重见现场"的图片，表现了我们如何通过重建联系的实践，与原来的昆山居民"共同协作、相互对话、临时社群、重见现场"。这是在地方状态下进行的一场被安置小区分化后居民如何实现乡村现状"再看见"的实验。

"命名的大朗堰"。在都江堰下游金马河畔的刘家濠，我们注意到当地有一条沟渠，查阅资料后知道这条沟渠叫"大朗堰"，是清顺治年间的一个引水导渠工程[②]。"大朗堰"由一位名为大朗的和尚主要通过持钵劝募的方式，联合开渠必经的人家和土地，集资开渠修建，建成之后通过岁修得以维护。我们偶然结识了当地玉舒饭店的老板陈仕建和陈玉书，他们在了解了大朗和尚的故事与"水系计划"之后，希望玉舒饭店可以参与其中，并

---

② "肇始于北宋的岷江正流金马河（即古大皂江），与它东部的杨柳河之间，有温江、双流、新津三县的十余万亩良田，由于地势较高，无法灌溉，形成一大片缺水死角。"（李豫川 2002，34）

提出在饭店展开关于大朗堰的故事重述、环境讨论、发起冬至"堰"节等活动。同时，他们还将饭店重新命名为"大朗堰"，讨论了饭店在当地作为一种集体公共空间的可能，并进一步提出对"经营"的替代性思考。

"乡农学校"。这部分工作在全家河坝（郫县安德镇安龙村）的高家农园开展。我们向村民学习当地林盘（成都平原独有的一种传统生态聚落）生活中的身体-自然关系，积累有关当地生活生产的在地知识，重现和搭建与河流、沟渠、生物、气候的情感联结，并通过"乡农学校"来搜集和展示这些知识与实践。

综合以上的实践，我们将当地一艘闲置船只作为与现场联结的场域，使用当地与水运有关的废弃木料，以之为书写记忆的载体，来隐喻"水系"在1949年之后的流变。我们制定了沿着都江堰水系的运输路线，沿途邀请两岸居住者参观和参与我们的工作，与我们共同营造新的公共空间，最后将船只运至都江堰玉垒山展出。由此而成的《水系博物馆》作品由以当地存有木料、废弃船木、1979年的木制渡船（仿）为基本材料拼接制作的装置，以及研究的相关文献资料和记录行走路线的视频组成。这是我们进入都江堰水系下游的切入点和见证，它不仅是一件单纯的装置，其背后是我们试图重新搭建与水系相关的社会关系的诸多实践。

2.《山水边缘》

2018年的作品《山水边缘》要探讨的是，如何跳出都江堰水利工程营造的中国山水意象，来到水系周边看不到的边缘地带，观察云雾背后的水系现实。这些地方在某种意义上是未来都市化发展以外的地方。当时作品的展览空间是在城市中的一个人工湖上，我们希望和周边的环境和历史建立对话。我们研究了都江堰上游水田坪村及附近的环境变化，这是农民王一忠的家乡。我们了解到，自20世纪50年代起，那里就开始出现滥伐森

曹明浩、陈建军，《山水边缘》，2018年，高清录像，彩色、有声，13分5秒。
由成都·蓬皮杜："全球都市"国际艺术双年展委任制作／毛继鸿艺术基金会支持

林、开矿等问题。大约从20多年前起，王一忠开始进行荒山造林，已种植了将近8万棵树木，同时进行长期的测水记录。我们的工作是与王一忠家合作，利用长时间处于半闲置状态的旅馆"紫坪家园"，将之重新命名为"水系与自然生活中心"，与当地其他生态实践接连开展活动。我们同时选择了多件文献与物品证据进行展示，例如王一忠2014年至2018年的测水笔记、水田坪村民的岷江照片、中国林业出版社出版的《四川木材水运史记》、树化石、种植名单与数量。我们将中国文化中山水意象的"边缘"和城市发展与自然环境的联系和张力并置，讲述了国族想象和生态史的演进。

3.《一段河流的再注解之后》

在2018年创作的《一段河流的再注解之后》由城市研究、对一段河流的绘画和工作坊会议三部分组成。"城市研究I、II、III"关注大约从20世纪50年代后期三线建设推进以来，成都向工业城市发展的历程。"东郊"这些曾经是郊区的地方，在此过程中变成了城市中心的一部分。现在，成

曹明浩、陈建军，《一段河流的再注解之后》，2018 年，综合材料。
由成都·蓬皮杜："全球都市"国际艺术双年展委任制作／毛继鸿艺术基金会支持

都又发生了一次重要转变：从工业城市转变成为创意城市和国际大都市。在快速的城市改造与更新中，新的城市文化如何处理正在快速消失的共同记忆并回应有关现代性的讨论？与我们合作的居民龚素清创作的纸质素描，是关于这类问题的个体注解。这一作品的背景是成都府南河改造工程，"1992 年（成都）市委、市政府作出综合整治府南河的决策，1993 年 1 月 27 日动工，1997 年 12 月 27 日圆满完成第一期工程，历时 5 年，耗资 27 亿元，共完成治河、治污、道路、管网、绿化、安居、文化等六项建设任务"，"一期工程完成后，随即转入二期工程，1998 年动工，2002 年完成，历时 5 年，耗资 15.5 亿元"。该工程于 1998 年获联合国世界人居奖，2000 年又先后获"优秀淡水管理地方政府首创奖"和"改善居住环境最佳范例奖"。（华桦、艾南山 2018）这是中国第一个城市河流改造项目。龚素清的素描作品不是浪漫化过去，而是从纵深的城市空间改造中的事件和脉络出发，去思考个人记忆中之前的河流是什么样的。因此，她的思考不是锚定在作品描绘出的河流时间里的，而应该是在更长的历史里。这也是我们每一个人面临的问题。

此外，我们还举办了"工作坊会议"，参与者包括清音表演传承人龚素清、造船工匠程师傅、《成都河流故事：流淌的江河博物馆》一书的编辑华桦、人类学家任海、建筑师薛亮、科学家张雪华和现场观众。通过这些工作坊，我们探讨如何辩证地来看这段26年前的河流改造经历。作为中国最早的城市水系工程，该项目在城市空间设计、河流水系重塑、市民参与和个体家庭生活安置等方面，实现了社会多领域间的集体合作想象（虽然在河流的处理上过于强调功能化，对生态的、文化的因素考虑少）。当时没有其他经验可以参考，技术条件也有限，一个发展中国家在城市发展过程中能够完成这样的改造案例，实属不易。这一案例说明了城市更新如何发挥在地社会的城市空间潜能，激发市民的政治想象力，并调用传统技术中的智慧和遗产。这完全可以促进另一种生态知识的形成。

我们再展开谈一下工作坊会议的部分。我们一共举办了六场工作坊。在"清音表演"中，龚女士在其画作前通过演唱的形式回忆了过往市井生活的点点滴滴，试图联结记忆的不同维度，勾画出一个历时的地理空间。在"造船手艺"一场中，程师傅现场传授了造船手艺，一个特定的历史和文化背景下的技术活动，背后是广滩村造船人与河流水运、水系关系的变迁史。在"河流故事的绘本注解"工作坊中，艺术家与《成都河流故事：流淌的江河博物馆》一书的编辑合作，参与者主要为儿童，以府河、南河与沙河的故事为背景进行绘本创作，这些作品采用了被成人世界忽略的儿童视角，表现了儿童对河流的想象。在人类学家主导的工作坊中，大家以"艺术智能"的概念为基础，讨论艺术如何让我们面对各种挑战，特别是人类和非人类如何走到一起而成为一种"公共"。在"我们如何居住"工作坊中，大家从建筑的角度反思如何给生态发展留出足够的空间。常民建筑工作室的薛亮主持了讨论，并指导参与者设计创作，思考建筑与社会空间想象、生态地理以及风土因素的关系，反思都市建筑功能单一、规划缺乏想象力的问题。在"人·南极·垃圾"工作坊中，张雪华分享了她关于城市固体废弃物管理等方面的研究，并邀请现场观众参与思考生态与环境保护技术。科学家提出从认识垃圾的根源来切入个体意识和行为改变的可能。在每场工作坊结束后，其文献资料，实物等均展示在展厅空间内的装置性的桌子上，以便让讨论可以某种形式不断扩延下去。在现代性发展过程中对于城市河流水系的再次注解，是重建有关未来的城市、社区与生态的想象的开始。

4.《观测点》和《水系避难所》

当我们把工作从都江堰下游推进到了上游，就面临着截然不同的地质语境和完全异质的时空。《观测点》和《水系避难所》是2019年的作品，是正在进行的艺术研究中的两段影像。在"观测点"项目中，我们和水田坪村村民王一忠合作。在"水系避难所"项目中，我们和羌人大寨子合作，建立了一个博物馆来保存他们的知识和传统。基于和当地居民以及研究者的合作，我们通过小范围的实践将景观、民生、气候变化以及可选择的未来等问题结合起来进行讨论和创作。同时，我们也持续关注2008年汶川地震后政府的政策和灾后重建带来的影响，以及与当下的多方面关系。举例来说，生活在偏远高山峡谷内的羌人村落在遭遇地震灾难后，全寨于震后参与重建了传统羌族房屋。这种建筑再次连接起整个村寨的社会网络，并采用了在地材料和技术，却不被震后重建中主导的"现代生态技术"认可。还有一个例子是，作为灾后重建的经济政策之一，李子种植近年来在羌寨发展很快，它虽然为当地创造了不断增长的市场，提高了村子收入，但也威胁着可持续发展的传统农业，掠夺了当地的生态资源，长期来看也许是不可持续的。在此过程中，伴随农耕和建造活动而存在的羌语也面临衰败。

曹明浩、陈建军，《水系避难所#1》，2019年，影像尺寸可变。
由"Cosmopolis #2：反思人类"委任创作

我们创作的空间装置《水系避难所》，叠加在这个由当地传统技术建成的羌族房屋的顶部，作为当地实践／本土知识的载体。我们与当地房屋建造师傅合作，采用了传统材料，搭建一个不能避难的"水系避难所"，以讨论地方传统、古代智慧和超越人类的智能对灾难影响的缓解和回应。我们反思：在岷江上游这个不以人类为中心的复杂地质构造区域里，频繁的灾难和什么问题相关？

在项目结束之后，《水系避难所》也在一个大雪的夜晚倒塌并被拆除。通过这一作品，我们希望和羌屋空间内部的参与者来一起思考可持续居住模式的可能，并反思现代性技术构筑的山水治理如何过度改写当地的文化图景，其后果又是什么。再回到前文所谈的苏联在都江堰援建的电站大坝，这座现代技术史上的失败工程标志着工业化技术对岷江流域复杂地质构造的改造企图。对比之下，我们的问题是：为什么其所遗留的"技术万能"的意识未能引起足够清醒的反思？为什么我们至今无法深刻认识当下的生态现实，仍要继续以人类为中心的治理模式并信仰所谓的现代技术？

三、延伸讨论

观众提问：我正好就是都江堰人。刚才两位艺术家提到的《水系博物馆》，似乎是以移动的方式在不同的地方进行展示的。而都江堰水系上下游不同地方的人，对于水系的感觉和记忆都是不一样的。在整个作品的展示当中，不同水域／地域的人对作品会不会产生不同的反应？

陈建军：你问的是一个特别核心的问题。《水系博物馆》不是要提出一个确定的结论，而是想促使乡村、城市和不同地域的人都能够关注身边的水系统，提出各自的看法，这也是我们的作品比较重要的思考方向。

另外一点就是，我们想重绘这样一条路径，它不是原来地理意义上的河流关联，而是通过艺术的方式，通过行走把很多点连接起来，例如饭店、林盘、船坊、村落等，我们又通过在这几个点的具体工作和公共空间的建构进行了更广泛的串联。因此，偶然进入这条路径的人，他们的记忆和思考肯定是多元的，也可能是涌现的。我们现在的工作，不是再回到那个特定的物理水系现场，而是将这里面的一些讨论打开，让更多的人参与进来，这才是关键。举例来说，之前提到的大朗堰的变化，那些在城市化的发展中重新构成的社区居民到底是谁，其实并不清楚了。但是通过我们的工作，很多人再次了解了它，也开始进行讨论。

曹明浩：都江堰是一个非常大的自然与文化景观，此前有关它的全部叙述几乎都是在国家、水利、科学、自然遗产层面展开的。而我们希望能从更微观的层面介入，在村子里行走，找到和我们一起交流的人，发现村子的现状，来翻转长久以来有关都江堰的这种固定的话语，呈现一种复杂的关系，包括人与自然的关系、人与人的关系、历史与当下的关系。我们的工作是想把水系拆开，发现它内部的复杂关系，并尝试能否再搭建一种新的关系。这些工作都需要联结不同的人和他们多元的体验与实践。

陈建军：《水系博物馆》不仅是一个装置，还有公共性的考虑。例如，我们计划在府南河的现场展示这件作品，呈现城市里的人关于"水"的讨论与困惑。比如，都江堰的紫坪铺水库掌控着府南河的水量，也决定了这条城市母亲河的河流状态。当这件装置与府南河被改造后的现场并置时，会打开什么？我们并不确定，但也很期待。其实这个是《水系博物馆》特别想激发出的一部分话语讨论。

观众提问：演讲题目中的"算法生存"具体指什么？在进行艺术实践的时候，比如说在造船、造避难所的时候，你们会和帮助你们的建造者沟通项目本身的目的和意义吗？你们如何与他们沟通？结束后他们表达了何种态度？

陈建军：我们不是在谈一个复杂的哲学概念，"算法生存"是我们在实地的切身感受。当时是由都江堰管理局管理着都江堰的水。历史上都江堰内、外江的水量是四六分，现在除了雨季，外江基本上没有分水，全年所有的水全部流向内江，然后再由内江分配到各个地方，一直到每一块农田、每一户人家。例如之前所讲的高家农园的居民就是生活在这样一种分配机制里面，或者说大水系里。他们必须去努力找到自己的生活方式，弥补自己的劣势，但他们无法改变水系分配的规则。"算法生存"就是，水系分配原则是既定的，在城市快速发展的过程中，或者由于资本或国家力量的介入，重构出特定的水资源关系，而在水系末梢实际使用水的人却无力改变这种格局。因为成都城市的扩张，成都现在已经是严重缺水的城市之一了，再加上更多高新技术被用来分配和管理水资源，这对于末梢的人来说，是无法想象的，也是无力改变的。另外，在岷江流域上有很多阶梯水电站，也时时刻刻在调整水的分配。这些处于特定算法／技术控制之下的个体和群体的生存状态是不易被大家看到的，这就是我们想尝试做的工作——让他们被看到。我们是在这样一个大的背景下思考这些问题的。

另外，你刚刚提到了《水系避难所》创作中的沟通问题。我们并没有什么现成的知识架构。我们只是在那里待足够长的时间，跟村民们在一起，这就是我们的工作，并没有什么前设的目的和意义。人类学中与研究对象保持距离的伦理对我们来讲是不适用的。比如，有朋友告诉我们不要住在通鬼神的"释比"[③]家里，而我实际就和他睡在一个房间里，晚上听他讲万物有灵的故事。在这样的一个关系中，我们才慢慢开始工作，和他们一起做一些事情。《水系避难所》相关视频作品中，"释比"跳了一段羊皮鼓舞蹈，他说这是为发怒的岷江二姐跳的，他又说："岷江二姐雁门沟的脾气最不好。电站、砂场（当地的采砂场）、地震来了以后，雁门沟易怒暴躁。"如果不是长期相处，我们肯定没法合作，并看到这样精彩的舞蹈。一起来发现和思考问题，我们是这种关系。在相处的这段时间里，他们随时可能为了生计奔波，也有很多祭祀禁忌，我们的工作很多时候必须按照他们的节奏来安排，也随时可能停下来。

观众提问：这些工作是为了艺术创作还是为了改变现实？如果这只是创作，那么我觉得更近乎行为艺术。我还有一些关于改变现实的想法。比如，讲座开始提到了"人定胜天"的观念，道教的思想资源与此形成对照，而都江堰正好是道教圣地。自然界是一个负反馈系统，盛必然导致衰，从而达到平衡。但现代社会是一个正反馈系统，强调不断发展。以前的话语遮蔽了都江堰的状态，我们可以把它理解为一个负反馈系统的典范。

陈建军：提到创作与改变现实的关系，首先我们要弱化艺术家这个身份，也不必太在乎艺术，才有可能不偏离我们的现实。比如有一段时间，

[③] "释比"是羌族文化知识的集大成者，能知晓天文、地理，以及生态的运行规律。所引用的释比的这段话，出现在我们的作品《水系避难所#1》的一个视频中。

有关中国乡建运动的论述，就是简单的"改变"逻辑。而我们认为，艺术首先是要提出问题，或者是要提对问题，然后基于这点，去尝试一些小范围的行动。改变的也不一定是具体的物质形态，也可能是一些精神实践，或者是一些微小的事情。举例来说，与"水系避难所"项目合作的几位当地年轻人开始反思他们震后遇到的种种问题，他们现在希望采用一种新的建筑技术，比如改良的夯土建筑技术——不是单纯回到传统建筑形式，是在改进技术的基础上来重建羌族建筑。你可以说，这是关于少数民族现代化的问题，但这都是我们创作的实践后果。

曹明浩：我再补充一点。作为一个物理空间，都江堰连接了上游和下游大尺度的社会空间。如果我们辩证地去思考人和自然的关系，可以把都江堰当成一个"媒介载体"来讨论，它串起了自然的网络和社会的网络。而苏联援建的大坝、紫坪铺大坝及新建的其他大坝，把都江堰的整体网络切开了，改变了它的媒介方式和它的属性。

观众提问：刚刚有两个词让我比较敏感，一个是"博物馆"，一个是"表演装置"。一般博物馆是集体记忆的一部分，承载着一定的历史，或者说形成了特定的集体记忆。而《水系博物馆》是流动的，是希望在都江堰上下游重塑当地人对于都江堰及其相关环境的重新想象和记忆吗？因为都江堰被国家和其他的各种力量塑造成了一个更大的"表演装置"，某些主体拥有了更多的资源配置权力和话语力量，有些地方的重要性就上升或改变了，而有的与水系有密切关系的村庄可能就被忽略了。你们的这个计划是不是要重塑我们对于都江堰的理解？之前公众对于都江堰的关注太多，忽略了其周围的村庄资源或者自然环境。你们现在想要让更多的人看到都江堰的周边，是吗？

陈建军：是的，我们希望大家看到水系的网络，而不是孤立的都江堰工程/景区。这个工作更像是一种边缘水系对主流世界叙述的替代性回应。

曹明浩：我们在工作的过程当中，发现都江堰有被博物馆化的趋势，只有很少的部分仍在使用，除此之外，它慢慢地变成了一个博物馆式的固定论述。《水系博物馆》以漫游的方式联结生活在这里的人和物，对水系展开实践上的想象，与被博物馆化和线性叙述下的都江堰水系统对话。并且，现在的四川乡建文创发展势头迅猛，其中很多是地方政府主导的。这种单一逻辑正在遮蔽一些复杂的、幽微的声音，当地人与土地、水系之间的关系正在消失。我们创作《水系博物馆》，就是想跟更多人一起来回应这些固化的论述与技术治理。

观众提问：在这个过程中，有没有遇到一些来自主流权力的干扰？

陈建军：我想我们的工作还不足以引起干扰。实际上，政府可能觉得我们这项工作是重要的，毕竟看起来和"乡建"有关，但他们很可能理解错了（笑）。举个例子，都江堰景区给我们办理了一个可以三年免费自由进出的研究证件，我们在当地还和很多科学家一起合作，他们也都在思考水的问题，因为这是迫在眉睫的事情，也并没有被干涉和引起不必要的关注。

观众提问：这几年各种形式的乡建很火，这与你们当下从事的工作到底有何差别？

万丽：这个问题我来尝试回答。我目前在香港中文大学从事夯土建筑方面的研究和实践，算是和乡建有一定的关系。乡建在这两年确实是非常火爆的议题，但我个人是不太赞同所谓"乡建"这个概念的。在乡村的建设是有很多种逻辑的，并不是说在乡村盖一个房子就叫乡建。在很多地方，乡建其实就是城市资本和城市服务业的外溢，为城里人服务的，它的主体逻辑就是城里人喜欢、消费什么，我们就提供什么样的东西。曾经有个老师认为有两种类型的乡建：一种是"在乡村"的建筑；一种是"为乡村"的建筑。我们的团队更倾向于做后者。我觉得我们跟明浩、建军有很多共同点，我们工作的逻辑是强调主体是谁，即到底是建筑师、艺术家作为强势的主体来表达，还是说把话语权交给村民或者委托人本人。所以说我们做的项目大多是非旅游性质的，不遵循商业逻辑，也不能带来旅游开发或者招商引资这样的变化。它只是农村危房改造，比如说村民的房子已经扛不住地震了，需要重建，但是建好之后还是他的家，并没有变成一个消费的载体。这是我们和那种"在乡村"的乡建不同的地方。当然，最后呈现的效果也是很不一样的，我们强调的是村民的主体性，设计是被弱化的，我们不会用建筑师的那种中产阶级的审美去教村民这个东西怎么做，也不会去强调这个是民居，应该怎么样才像民居。我们就是很直接地、很现实地问，你每天怎么务农，你家有几口人，你要晒谷子还是晒别的东西，你要不要养猪。基于这些需求，还有采光、通风、保温、隔热、雨量这些因素，参考传统技术，得出一个合理的方案。我们的夯土配比也是经过实验室多次强度实验的，且注重了环保问题，房子被拆后大部分材料可以回归自然。现在有些商业性的夯土建筑，虽然也是用夯土建的，但添加了大量的固化剂。

我们的建筑可能并不精美，也不像建筑师做的。我们自己给自己起了一个口号就是"土里土气"，出去讲座我们的题目也是"土里土气"。但是我们自己是很认可这个逻辑的。而且我觉得我们跟村民建立起的这种关系，以及我们从彼此身上得到的东西，是可以长期地支持我们去发展的。村民也会学到很多，如新的技术，他们也因此获得了新的生计。我们在建造夯土建筑时，雇用了当地的工匠，也包括女性。他们学习了我们的技术，并在劳动过程中为我们提供了很多改进的意见。我们之后去其他地方进行新的项目，这些工匠会继续和我们合作。我们希望促进内源性的发展，建构内生的动力,推动农村发展,这才是我们在乎的东西,而非单纯的审美。

观众提问:为什么都江堰的中心化就一定意味着其他地区的边缘化?我以前做过上海市水系规划的研究。前几年上海市的治理中心是在黄浦江等地,但是到了近几年,这些重大的工程反而没有成为中心,城市的河道成为治理的新中心,基本上每一条河都在进行改造。请问为什么有这样的差异?

曹明浩:都江堰成为城市治理的中心,可能是因为其背后的经济逻辑、水资源的重要性和旅游的需要,在四川旅游资源中的地位仅次于峨眉山。在行政层面,管理都江堰的部门隶属于水利部,行政级别非常高。

陈建军:我补充一点地理层面的看法。都江堰和上海水系不一样,岷江进入整个成都平原,其灌溉分配的节点都是在都江堰。它治理的是一个特别大的区域地形,不是点状区域,和上下游水系都有联系,这一点非常关键。这也许和上海的情况不同。

观众提问:《水系避难所》和其他几个作品为什么用的是一些临时性的材料,而不是做成一个相对比较坚固的、不会被风雨摧毁的建筑?这是不是想营造陈界仁[④]老师所说的临时、动态、非定型、"对峙与对质"的临时性空间?还是说有什么别的考虑?

曹明浩:陈界仁老师的这个概念非常好,但理解这一点需要思考他作品的语境。相比之下,我们的作品强调过程性,我们就生活在这个地方,进行实地考察,这对于水系研究的工作是非常关键的。我们并不是先有一

[④] 陈界仁,台湾地区知名影像艺术家及电影制作人,代表作品包括《凌迟考》《帝国边界》《残响世界》等,探讨了全球化、资本、劳工及移民等议题对现今社会的影响。他认为通过与在地人民的合作,以及借由美学的实验和影像诗学所具有的开放性,可以与观众共同创造出多重对话的场域和相互连结的可能性。

个完整的框架，再去做一个作品。用什么样的材料、什么样的形式，其美学考虑源于地方研究，我们再对之进行某种翻译转换。与其他学科的合作，也给我们一定的启发。举例来说，《水系避难所》一年后就会消失不见，《水系博物馆》在都江堰景区里放置 5 年之后也消失不见了。但在这个过程中，我们并没有停止工作。在我们新的工作里还会继续和这个羌寨合作。这些因素都生成了一种特定的视觉方式和工作方法。它不是一个固定的视觉模式，这反而给了我们不同的实践想象的空间，不同的人可以从不同角度去看它，体验它。这一作品不仅是一个装置，也可以是一个事件：我们希望它一直是动态的，而我们可以在这样的脉络中延续工作。

陈建军：我们也从陈界仁老师的创作中受益很多。2010 年项目刚开始的时候，我们所关心的议题是"消失"，开始对都江堰水利工程下游的一处具体空间区域——在造的昆山新村进行实地调查。按现在的水系工作来讲，村庄位于水系网络的老灌区里。通过观察村落消失的过程，我们开始了早期的一些创作研究。昆山新村位于四川双流区金马河流域，距成都约 10 公里。自从被划入新农村试点区域，昆山一直处于改造变化的状态中：土地不断整合，村民从四散的民居搬入集中住宅，生产与生活方式也因此发生改变。而"水系计划"的创作主要是在处理水系流变与历史之间的关系，我们发现"消失"背后存在一个脉络，疫情、气候以及"水系"中具体的地方性问题实际上是彼此勾连的。

《不能避难的避难所》的灵感来自对震后重建十年的观察，只要到了当地，你就会明白仅有技术是不能够避难的，精神和心灵层面的修复也很重要。另外，我们希望通过利用这些羌族家庭的废旧材料，搭建一个跟他们相关，也能跟我们更多人发生关系的装置空间。在这样的复杂地质构造区域里，没有去想过，也没有必要去做一个可以永久安放的公共装置。最后，这一装置倒塌以后，所遗留的材料还可以被房屋主人收集起来，用来熏烤他的房屋梁柱，转化到当地的夯土建造中去。这是我们对于避难所的在地性、临时性思考。

万丽：我有一个小故事要补充一下。为什么我们研究的"土"跟他们的"水"会有密切的关联？其实我们在2008年汶川地震以后在金沙江边上做过一个灾后重建的项目。当时那个村子在河滩上，但是交通不便，只能就地取材来重建。我们帮他们做了抗震的夯土。10年过去了，因为金沙江上建了水电站，水位上涨，那个村子全部被淹了，所有的人都搬迁。我的朋友说，你们辛苦做完这个项目，然后就被淹了不是很可惜吗？而我认为一点也不可惜，当时建的时候我们就知道5年之后会建水电站，但是我们觉得村民这5年的生活也是很重要的，5年可以做很多事，5年足以使一个小孩长成一个大孩子。所以我们觉得为这5年的生活做夯土建筑也是值得的。之后其实10年才被淹，那我还觉得赚了5年。所有的夯土房被淹后会慢慢地化在水里，因为土里没有添加什么固化剂或者化工材料，一切会重新回到自然的状态。最后留下的是我们和村民这段关系，以及我们对彼此的人生的滋养——建筑本身的留存其实就变得相对没有那么重要了。

【参考文献】

华桦、艾南山等编著，2018，《成都河流故事：流淌的江河博物馆》，成都：四川人民出版社。

李豫川，2002，《"水利菩萨"大朗禅师》，《广东佛教》第87期。

2000年之后的社会性剧场

王子月[①]

【摘要】 后戏剧剧场和表演艺术在20世纪80年代逐渐兴起,成为当代艺术家传递来自不同地域的多样化思想并在社会艺术实践中进行创作的重要媒介。本文通过对赫尔扎诺夫斯基(Ilya Khrzhanovsky)、戴勒(Jeremy Deller)、里米尼记录剧团(Rimini Protokoll)、劳(Milo Rau)、肯特里奇(William Kentridge)、勒孔特(Elizabeth LeCompte)等多位艺术家在2000年之后的创作进行介绍和讲析,说明"剧场"如何在当下社会艺术实践中生效,其基本设计和议题又呈现为何种面貌。在此基础上,文末介绍了作者本人近年的个人创作实践(特别是"问题剧场"系列),来探索在中国社会和艺术情境中进行此类剧场创作的意义和必要性。

[①] 王子月,艺术家、策展人,CapsuleMall剧团创始人。本文根据作者2021年12月24日在浙江大学社会学系的"性别·历史·比较政治观影读书会"讲座改写而成,讲座由凯风基金会资助。

····

    社会性剧场的概念在当代剧场史中尚未有定论，实践往往发生在书写之前。在正式介绍社会性剧场的案例之前，需先梳理"剧场"是什么。"剧场"在漫长的历史发展中经历了数次语义的演变。最初，"theater"来源于希腊语"theatron"，指"观看之场所"，它涵盖戏剧艺术，代表了古希腊人最初的戏剧观：它首先是一种观看行为。随着时代变迁，其意涵历经演变，受功能、规模、建筑、技术等因素影响，"剧场"一词在 20 世纪 50 年代中期开始被用来指代某一类特定的演出形态。到了 20 世纪 70 年代，文本在戏剧中的重要性渐渐削弱，其他媒介和技术（例如身体表现、录像背景、舞台设计、服装、音乐、灯光等）在戏剧表演中的占比日益凸显，又结合了同时代前卫艺术中的表演、行为艺术，逐渐形成新的概念，即学界统称的"后戏剧剧场"（雷曼 2010）。这些新发展也打破了剧场表演和文学先前的紧密关联，从而将剧场艺术重新塑造为一种独立于文学的艺术形式。

    剧场艺术兴起的历史时期，是 20 世纪 80 年代政治和经济剧变对全世界的文化发展产生巨大影响的特殊时刻。"二战"后，大批艺术家和创作者开始质疑并重新思考当时的表演系统和范式，其创作模式逐渐由以创作主体为中心转向与社会交遇，通过反思当时的社会现状和问题，创作出有社会影响和变革潜能的艺术作品，挑战欧洲中心主义以瞬时感受为基准所建立的美学理论，强调美学感受可以是长期的、持续的、社会性的。

    1990 年之后，剧场艺术开始逐渐成为主流，这期间其鲜明的艺术特点也逐渐形成：表演强调过程和展示，而不是结果；文本的地位被大大削弱，作品重视能量冲击而不是提供信息；多元形式拼接的视觉空间取代了传统的叙述结构；多声部结构取代了对话式结构；同时，剧场注重激发观众的自主性，开启一种反对阐释、（观众）直接干预的创作状态。在这多重背景下，剧场成为传递不同地域的多样化思想的重要创作媒介，也成为现实社会的一种象征性实践，甚至直接变成一种社会情境和事件。

其中，文化人类学家特纳（Victor Turner）早在20世纪70年代时就区分了两种戏剧，一种是产生于社会现实的"社会戏剧"（social drama），另一种是他所谓的"审美戏剧"（aesthetic drama）[2]。而巴西戏剧导演、政治家波瓦（Augusto Boal）则提出了"被压迫者剧场"[3]，并推动了世界民众戏剧。这为社会戏剧到社会剧场的转变奠定了基础，之后出现了众多将目光转向日常生活、社会现实问题、公众参与和探寻自我意识的剧场作品。

概而言之，"社会性剧场"因其直面社会问题并尝试探讨其解决方案而具有强烈的政治性。其特征大概可以概括为以下五点：第一，其创作围绕社会中的"问题"进行；第二，它破除了过去戏剧中精致准确的表演概念，重在呈现过程；第三，表演的人也不再是职业演员群体，更多的是社会中的普通人，并以他们自己的社会身份、体态及语言方式进行表演；第四，强调公共参与性，表演者和观众在一个公共场域，面对同一个问题进行呈现、思考，并通过这个过程来反省生活和其中的种种问题；第五，这类剧场作品的意义在于对解决社会问题进行不同可能的排练。本文将选取2000年之后的十个代表性的社会剧场案例，并按形式将其划分为五类，分别是都市/空间装置、社会干预/重演、剧场内的民众参与、视觉艺术家的

---

[2] 德国戏剧理论家雷曼曾提到，"这个区分（审美剧场与社会剧场）尤为重要，他这样做首先旨在揭示后者反映了前者所隐藏的结构。然而他也反过来强调，社会冲突的审美表达在于其本身就提供了某种感知模式，因此对真实社会生活的礼俗化方式负有部分责任。"（雷曼 2010，32）

[3] "被压迫者剧场"由波瓦创立，是一种集游戏、技法和练习为一体的剧场，是个人和社会转化的方法。被压迫者剧场被全世界超过60个国家的艺术家、演员、教育工作者和行动学习者所实践，是世界上最流行、最有效和最易使用的教导表演技巧、创造性解决问题的技巧以及在解决社会问题中获得存在感和自发性的方法之一。

社会关注以及社会教育。下文将逐一述之，以说明 21 世纪后社会性剧场的发展。在文末，我也将简要介绍我自己的创作实践。

一、都市 / 空间装置

赫尔扎诺夫斯基：DAU 平等

2018 年俄罗斯艺术家赫尔扎诺夫斯基（Ilya Khrzhanovsky）[④] 设计了一个内嵌于城市空间的、名为"DAU 平等"（DAU Egalité）的沉浸式体验项目，该项目来自"DAU 电影项目"，重现了 1938 年至 1968 年的苏维埃世界，观众能进入空间内亲身探索和体验这段历时 30 年的苏联历史。赫尔扎诺夫斯基选择了欧洲三个重要城市来实施这一计划，分别是柏林、巴黎和伦敦，给不同城市分别赋予以各国语言为基础的主题：在德国是"自由"（Freiheit），在法国是"平等"（Egalité），在英国是"博爱"（Brotherhood）。这个"社会与艺术的实验项目"刚提出，就被欧洲人戏称为"苏联杜鲁门秀"，但也有人称它是一场严肃的人类学实验。

赫尔扎诺夫斯基原本计划拍摄一部关于苏联物理学家朗道（Lev Davidovich Landau）的传统传记片，后来整个制作逐渐演变成了一个集电影、表演、建筑、科学、社会、信仰、艺术研究等功能于一体的庞大综合项目，即 DAU，其核心内容是他在 2009 年至 2011 年拍摄的 13 部影片。2009 年，赫尔扎诺夫斯基在乌克兰城市哈尔科夫仿照苏联核研究基地搭建了一个占地 12000 平方米的拍摄实景，名为"研究院"。项目中的 400 多位参演者本身就是现实生活中的科学家、艺术家、服务员、秘密警察、普通

[④] 伊利亚·赫尔扎诺夫斯基，俄罗斯电影导演。2005 年其处女作《4》获得鹿特丹国际电影节最高奖项金虎奖，2006 年开始着手制作 DAU 电影项目（DAU Project，中文译名"列夫·朗道计划"，取自苏联物理学家列夫·朗道的名字）。

人等，通过严格烦琐的试镜过程进入 DAU 项目中。在两年的时间里，所有人在"研究院"里生活、工作，甚至相爱、生育，扮演着普通居民和电影演员的双重角色，将自身经历植入苏联的历史背景。在"研究院"中，从服饰、食物、货币到日常使用的词汇全部参照故事发生时期的物品和社会惯例进行复原。"研究院"甚至还专门印发报纸，用以提示 DAU 的内部时间和历史事件。所有参与者模拟横跨苏联 30 年历史的生活片段，最终构成大约 700 小时的影像镜头。赫尔扎诺夫斯基将其制作为 13 部故事片，并把这些影片和部分装置布景带到欧洲城市的沉浸式体验项目中。

2018 年柏林艺术节期间，赫尔扎诺夫斯基计划在柏林市中心的国家大剧院周围的一个街区（即历史悠久的中央大道）"重建"柏林墙，并向德国民众开放，让他们进入此区域切身感受苏联时期的历史。然而该计划在德国遭到强烈反对，最终未能实施。

类似的计划于 2019 年 1 月在巴黎以"平等"为主题顺利开展。但在巴黎的项目没有封锁整个街区，而是集中在两个相邻的剧院【夏特雷剧院（Théâtres du Châtelet）和城市剧院（Théâtres de la Ville）】以及蓬皮杜艺术中心。2019 年 1 月 24 日到 2 月 17 日，巴黎人民都可以在夜晚看到这三个地方发出的红色射灯。在巴黎的展演项目是 24 小时不间断开放的，呈现的核心依然是 DAU 项目的主要电影片段和相关装置作品。前来参与的观众需在现场购买"签证"。这个签证是价值 20 欧元到 150 欧元不等的三种入场券，拥有不同票价的"签证"意味着观众在这个空间里的体验时长不同，分别对应 6 小时、24 小时和不限时，参与者可以根据个人意愿随时退场。选择后两种时长的参与者，需要先做一个心理测验，通过算法处理生成个人 DAU 体验路线，也就是说每位参与者的路线都是独一无二的。观众在入场前会被要求寄存自己的手机，并领取"DAU 手机"获得体验路线。

在这场"18 岁以下禁止入内"的体验项目里，观众一开始会进入一个小厅，在"DAU 手机"的引导下选择性观看上文提到的 13 部 DAU 影片。随后他们须回答一些问题，"DAU 手机"会根据答案让参与者与项目中的神父、拉比、伊玛目⑤、萨满这四类角色进行交谈。赫尔扎诺夫斯基希望观众在他制造的沉浸式体验空间内，投射出自己的恐惧、焦虑或者问题，并由他们自己来发现答案。

这类沉浸式体验作品创造了一个足以以假乱真的虚构空间，观众自发地将自己带入艺术家所提供的场景，积极在其中行走、观看、体验和参与，与艺术家提供的影片剧情和装置线索共情，沉浸于这种动态演绎中，将自我的生命经验带入其中，并在结束后对自己发问。在 DAU 系列项目中，无论是电影还是展演都把真实和虚构的含混性发挥到了极致，无疑是沉浸式体验项目中的佼佼者。

施林根西夫：请爱奥地利

"请爱奥地利"（Please Love Austria）是德国导演施林根西夫（Christoph Schlingensief）⑥在 2000 年发起的关注难民问题的艺术项目，又名"和外国人一起滚"（Out with the Foreigners）。当时奥地利反移民的极右翼自由党刚刚赢得选举，艺术家基于对该政府政策的不满，创作了这个作品作为回应。他在奥地利市中心的广场上放置了几个集装箱，并在上方挂着"Foreigners Out!"的横幅。他从奥地利附近的难民营招募了 12 名申请政治庇护的难民和他本人一起在集装箱内生活，参加包括德语课程和日常锻炼在内的日常活动。

施林根西夫直接挪用了奥地利真人秀节目《老大哥》（*Big Brother*）的

---

⑤ 伊玛目，为伊斯兰教创始人、先知穆罕默德的精神和政治继承人。
⑥ 克里斯托弗·施林根西夫，德国剧场和电影导演。在剧场界，他因其挑衅意味明显的导演作品而受瞩目，如瓦格纳歌剧《帕西法尔》（2004），他最著名的电影作品是对德国总理科尔所代表的政治路线进行了无情挞伐的《德国三部曲》。

模式，对参与者进行为期六天的拍摄。此项目每周都会在电视上直播，并由维也纳市民投票选出最受人喜爱的难民和最令人讨厌的难民。投票选出的最受人喜爱的难民可获得现金奖励，甚至可以通过和志愿者结婚拿到公民身份，而票选出来的最令人讨厌的难民会被驱逐出境。这些最终的决定会在真实生活中执行。通过这些设定，该项目以最激烈的方式来反映公众的仇外心理和新的仇恨政治。

这个项目之后，施林根西夫接受了很多访问，但自始至终都没有正面解释自己的立场。他只是透过一种巧妙的方式模糊了"艺术"和"政治"之间的界限，也将当下政治场域中的心理状态毫无遮掩地呈现在大众面前。这些在广场上的集装箱、等待判决的"外国人"和触目惊心的标语都是对2000年奥地利的政治状态最尖锐的回应。

二、社会干预／重演

戴勒：奥格雷夫之战

"奥格雷夫之战"（The Battle of Orgreave）是英国撒切尔执政时期的一场矿工和国有矿业公司的对决。1984年，英国矿工联盟举行了罢工，持续时间长达一年多，以反抗撒切尔的新自由主义政策，这标志着政府和工会运动之间斗争的转折点。之后罢工以失败告终，政府才得以推行大规模的私有化、市场化政策。矿工大罢工的关键时刻，也是最激烈的时刻，发生在1984年6月18日，当时在谢菲尔德附近的英国钢铁公司炼焦厂，警察袭击了正在进行罢工的矿工。随后警方编造了一个故事，声称是矿工袭击了他们。主流媒体都选择了附和这个骗局，英国广播电视公司（BBC）甚至改变了新闻镜头的顺序以支持警方的报道。这次对决事件的意义远远超出了其直接的政治经济后果，在此后多年一直是一个极富争议的文化事件。可以毫不夸张地说，这次罢工就像一场内战，对英国的各阶层都产生了巨大的创伤性分裂影响。众多家庭四分五裂，工会在支持全国矿工联盟的意愿上出现了分裂，媒体助长了争论的两极化，以至于似乎没有什么空间可以容纳中间立场。

2001年，英国艺术家戴勒（Jeremy Deller）[7]组织重现了1984年6月17日罢工的矿工和警察在南约克郡奥格雷夫的激烈冲突，与历史重演专家、英国遗产组织活动项目的前主管吉尔斯（Howard Giles）联合策划了这次重现。他经过将近两年的研究，采访了很多当时的矿工，听他们讲述自己的历史，包括这几十年来他们是如何坚持经济和政治斗争的，以及他们在谢菲尔德事件后经历的指控和审判。其中，有些人甚至面临终身监禁。最终，超过800人参加了2001年的这场重演，其中许多曾是这场冲突中的矿工、警察，他们通过行动重温了自己参与的1984年奥格雷夫事件。有意思的是，重演时他们需要互换扮演角色，即警察扮演矿工，矿工扮演警察。其他参与者则来自英格兰各地的战争重演协会。

此次重演由菲吉斯（Mike Figgis）为"艺术视角媒体"（Artangel Media）和英国第四频道拍摄，并于2002年10月20日播出。影片中穿插了1984年冲突的照片和2001年重演的镜头，以揭示这场斗争的复杂性。对于许多参与者和观众来说，这与其说是在重演，不如说是在倒叙。在这个重演现场，人们很容易忘记警察的警棍是塑料的，而矿工的石头只是泡沫，脸上流下的血也是假的。在影片中，还出现了很多人来谈论这场冲突对自己家庭的影响。这次身份互换的重演使得当年的事件参与者能有一次互相理解的机会，一次同历史和解的机会。

---

[7] 杰里米·戴勒，英国影像、装置和观念艺术家，特纳奖得主。他的作品通常是概念性的，往往藐视传统的画廊和展览体系。他的作品通常有着强烈的政治倾向，并且常常关注英国历史和文化方面，通过新闻和文化的研究方法考察、探讨和分析问题。

杰里米·戴勒的重演项目所呈现的奥格雷夫之战

戴勒：我们在这里，因为我们在这里

"我们在这里，因为我们在这里"（We're here because we're here）是英国有史以来最大的艺术参与项目，是由戴勒与伦敦国家剧院院长诺里斯（Rufus Norris）合作的项目，以纪念索姆河战役 100 周年。[8] 该项目由伯明翰话剧团和国家剧院联合制作，并与各地 23 家剧院合作开展，拥有全国性的广泛参与。实际上，在英国人心目中，"一战"的影响远大于"二战"。这件作品的灵感就来自"一战"期间死去的战士和战后亲人们的故事。

该作品于 2016 年 7 月 1 日 7 点至 19 点在英国各地进行表演，大约 1400 名 16 岁至 52 岁的志愿者扮演战士的角色。志愿者们穿着"一战"军装，在全国各地的不同地点默默出现，比如人群聚集的火车站、购物中心、市场和海滩等。每位参与者都代表着某位阵亡的士兵。他们随身携带一张卡片，上面记录着 1916 年 7 月 1 日索姆河战役第一天阵亡士兵的名字、年龄和他们所服役的部队的详细信息。当路人走近时，志愿者便默默地把这

---

[8] 索姆河战役是第一次世界大战中规模最大的一次会战，英法联军为突破德军防御并将其击退到法德边境，在位于法国北方的索姆河区域实施作战。

历史中的艺术与艺术的历史

"我们在这里，因为我们在这里"项目中在公共场所出现的扮演士兵的志愿者

些卡片递给他们。尽管志愿者们在这一天的大部分时间里都保持沉默，但他们会断断续续地唱出"我们在这里，因为我们在这里"这句歌词——这也是"一战"期间在英国战壕里流行的歌曲。

戴勒说："我想制作一个当代纪念碑来纪念索姆河战役100周年，这个纪念碑在英国各地以一种不可预测的方式移动，参与者通过他们的行动将纪念碑带到公众面前。"这个项目在英国得到了非常积极的回应，以一种柔软的方式进入每个人的生命经验中。

里米尼记录剧团：遥感城市

注重公共空间是德国里米尼记录剧团（Rimini Protokoll）[9]的一个创作特点。"遥感城市"（Remote X）是一个探寻城市与人的关系的城市巡演项目，已在柏林、米兰、纽约、巴黎、伦敦、洛杉矶、上海等十几座城市演出过。这是一部完全由前来报名参与的观众充当表演者，并在室外公共空间进行即兴演出的作品。当里米尼剧团来到一个新的巡演城市，会首先根

---

[9] 里米尼记录剧团（Rimini Protokoll）是2003年由德国吉森大学应用剧场艺术学院的海德嘉·郝珂（Helgard Kim Haug）、施岱方·凯齐（Stefan Kaegi）和达尼埃·威泽尔（Daniel Wetzel）成立的一支独立剧团，代表作《百分百城市》系列、《恐怖谷》等。

里米尼记录剧团，"遥感城市"项目

据每个城市的特点进行在地研究，从具体的地理位置、行业生态、民众生活等角度出发，开辟一条新的行走路线。其中途经的地点都是经过精心选择的城市公共空间，如墓地、公园、广场、商场、医院、地铁站、天台等。

演出开始前，观众需要集合并认领一个耳机并全程佩戴，然后根据耳机中 AI 女声的指示开始行走。几十位被远程遥控的观众在城市的各个地方自由游走，并根据耳机里不同场景设定的指令，来完成一些特殊的动作。这些观众很可能成了路人眼中的演员。尽管耳机中有明确的指令，在演出过程中还是会遇到各种不可预测的情况，如在进入某栋大楼时被保安拦住，在某个公共场合被警察怀疑并驱赶等，而更常见的情况则是，有些观众和大部队走散了。

里米尼剧团的设置让观众自主地在城市空间中感受自己和城市的联系，而观众聚集则形成一个城市空间中临时的共同体。他们在游走过程中，得以反观原本熟悉的公共空间和极其容易被忽视的角落。所以"遥感城市"每一次在不同城市的演出，都因城市本身不同的人文面貌和不可控的随机因素而变得独一无二。

三、剧场内的民众参与

里米尼记录剧团：百分百城市

"百分百城市"（100% City）系列是里米尼记录剧团另一件风靡全球的代表作，主题是"发现一座城市的态度"。剧团主创三人通过该项目自创了一种新的艺术形式，即普通人在舞台上演出自己。他们每到一个城市，便筛选 100 个普通人作为代表登台表演。以"百分百城市之柏林"为例，里米尼严格按照柏林的人口构成比例、性别、国籍、婚姻状况等实际情况进行"微缩"筛选。比如，若男女比例是 6:4，就找到 60 位男士，40 位女士。有意思的是，剧团找到的第一位"演员"是参与德国人口调查的调查员；之后剧团又用了三个月的时间，通过他和他的亲友关系网络找齐了 100 位"演员"。

在舞台上，导演作为引导员对观众提出问题。这些问题分为两类：一类关乎个人，比如"你是否信仰上帝？""你想不想要一个孩子？""你想不想知道自己什么时候死去？"；一类关乎社会，如"欧洲经济危机时，你会不会帮助希腊？""你有没有经历过战争？"等。站在舞台中央的 100 名参与者需要在"是"与"否"两个答案之间，不断站成两队，台下观众可以通过舞台上方的圆形屏幕清晰看到个体的命运与城市的态度交错呈现。

在这个过程中，参与者并不是简单地在"是"与"否"之间做选择，因为现场 100 位参与者都是互相认识的，所以当他们看到认识的朋友或者大多数人都选择赞成某一观点时，也许就会随众选择。现场经常会因为出现这种明显的停顿和犹豫而呈现出意想不到的效果。导演在整个表演中扮演着十分重要的作用。他不仅是引导员，同时也是秩序维持者，随时都需保持高度警惕，以应对舞台上发生"抢话筒"或"讲述时拖延时间"的突发状况。生活本身就充满了各种各样的矛盾和困惑，把这些进行提炼，比

里米尼记录剧团,"百分百城市之柏林"项目

杜撰出来的剧本有意思得多。参与者在台上根本不需要演戏,只是把自己最真实的一面展现出来,这本身已经是一种戏剧化的方式。

鲍什:青春交际场

德国现代舞编导家鲍什(Pina Baush)[10]的著名舞蹈剧场作品《青春交际场》(Tanzträume),完美地表现出了男女间关系的脆弱、疏离和孤单。鲍什曾说:"交际场是一个让正在寻找联系的人相遇的地方。展示自己,否定自己。带着恐惧、欲望、失望、绝望。第一次经历。第一次尝试。柔情以及由此产生的东西是作品中的一个重要主题。另一方面,它也是马戏团,在这里展示自己、战胜自己。"[11]该剧有青少年版和老年版两个演出版本。青少年版是由一组14岁至18岁的参与者,在鲍什和助手的引导下,经过一年的时间排练而成。老年人参与演出的版本则更有名。鲍什认为具有充足生活阅历的人更能体现这个作品的意图,于是她在德国乌帕塔小城公开招

---

[10] 皮娜·鲍什,德国著名舞蹈家、现代舞编导家,"舞蹈剧场"的创立者。她对20世纪之后的舞蹈、舞台艺术乃至当代艺术都产生了深远影响。
[11] 引自鲍什本人的一次公开采访。

历史中的艺术与艺术的历史

皮娜·鲍什编,《青春交际场（老年版）》。Lazlo Szito 摄影

募了一群年龄在 65 岁以上的当地民众出演这部作品。

当音乐响起，一群没有舞蹈经验的老年男女开始按照提前编排的走位做出简单的动作，比如展示自己的胳膊、腰肢等身体部位。参演者除了要克服僵硬的肢体动作，更重要的是卸下心防，自然地表达自己，将内心对于两性的彷徨、对爱情的期盼与焦虑透过身体传递出来。这些老先生与老太太的一个眼神、一个表情，甚至一点点动作，能够传达给观众的信息是非常清晰且有分量的。他们人生的体验、年龄的凿痕、丰富的情绪就像符号一样在舞台上清楚地传达出来。

四、视觉艺术家的社会关注

肯特里奇：头和负荷

南非艺术家肯特里奇（William Kentridge）[12]根据"一战"期间在英国、

---

[12] 威廉·肯特里奇，南非艺术家，被美国《时代》杂志评为"世界最具影响力的100人"之一，2010年获"京都奖"艺术与哲学大奖，是当代最有影响力的多媒体艺术家之一。

威廉·肯特里奇，《头和负荷》

法国和德国军队中参与物资运输的非洲平民的故事，创作了一个结合歌剧、音乐、舞蹈、雕塑装置和剪影动画等综合媒介的表演作品《头和负荷》（*The Head & the Load*）。根据"一战"幸存者的回忆，当这些非洲平民将武器运到前线后，欧洲军队会将这些搬运工处死。他们甚至普遍接受"20天后载体无用"这个潜规则。这些在"一战"中为欧洲各殖民国肉身搬运武器、弹药、工具等物资而死去的非洲平民大概有近百万名，但在历史书籍中都是被忽略的片段。

作品名来自加纳的一句谚语："头和负荷是脖子的麻烦。"（The head and the load are the troubles of the neck）这些无名伤亡者所承受的痛苦和殖民主义者的暴行是这部作品的核心内容。在这场时长90分钟的表演中，所有表演者、道具装置都被安置在一个180英尺（1英尺约为0.3米）长、40英尺高、32英尺宽的舞台上。近50位演员、音乐家和舞者结合舞台背景中不断变化的图像和音乐进行表演，其间不同媒体的元素都融合在一起，将欧洲国家对非洲野蛮的、灾难性的、也是荒谬的殖民统治呈现出来。举一个例子，表演中，一位扮演军官的演员说："他们不是人，因为他们没有名字。他们不是士兵，因为他们没有号码。你不叫他们，你数他们。"此时，表演舞台的背景录像里演员的影子比演员本身要大很多，这些影子不是在特指某个演员，而是指涉某一群人，将他们的权力具象化。舞台上发生的事件多线程并行，以多声部结构代替了传统戏剧的对话式结构。这也是前文提到的"剧场"新概念的一个重要特征。

五、社会教育

伍斯特剧团：夏季学院

伍斯特剧团（Wooster Group）是当下纽约最前卫的多媒体剧团。其创办人勒孔特（Elizabeth LeCompte）师从"环境戏剧"的创始人谢克纳（Richard Schechner）。[13] 所谓的"环境戏剧"构成了20世纪60年代前卫戏剧和剧场美学的重要特征和演出形式，是当代民众参与式剧场实践都会借鉴的创作理论。因此，我有必要在此处简要介绍下谢克纳的创作理论，以便读者能更好地理解这种剧场形式。谢克纳提出的"环境戏剧的六大方针"是：

• 剧场活动是演员、观众和其他剧场元素之间面对面的交流；

• 所有的空间都是表演区域；同时，所有的空间也可以作为观赏的区域；

• 剧场活动可以在现成的场地或特别设计的场地举行；

• 剧场活动的焦点多元且多变化；

• 所有的剧场元素可以自说自话，不必为了突出演员的表演而压抑其他剧场因素；

---

[13] 伊丽莎白·勒孔特，伍斯特剧团的创始成员，自1975年开始，她作为编舞、设计和导演，制作了伍斯特剧团的所有作品。理查·谢克纳，美国先锋戏剧大师，纽约大学戏剧系教授，是当今世界最有影响力的戏剧导演兼理论家之一。

• 脚本可有可无；文字写成的剧本不必是一个剧场活动的出发点或终点目标。

"夏季学院"（Summer Institute）项目就是由伍斯特剧团成员秉持谢克纳的这六大方针为教育核心来展开的。每年夏天，剧团都会为纽约市公立学校的学生开设为期三周的表演工作坊，围绕选定的文本与客座艺术家在演出的许多方面（比如，从表演到写作，从语言训练到录像制作）开展合作，从而组织学生进行训练。所有参与夏季学院的学生均为 12 岁，且从未受过剧场训练。该项目最终会为支持者、参与者的朋友和家人举办一场公开表演。例如，2011 年夏季学院根据诗人洛尔迦（Federico García Lorca）[14]的戏剧《月球之旅》改编创作了一部现代版的同名作品，由学生自导自演，并结合了学生自身的生活经历，重新解读这部简短的超现实主义剧本。

米罗·劳：轻松五章

瑞士艺术家劳（Milo Rau）[15]在 2016 年排演的儿童政治剧场作品《轻松五章》（*Five Easy Pieces*），选用了六名 8 岁至 14 岁的儿童演员来"重现"发生在比利时的震惊世人的连环性侵谋杀儿童案。通过改编这个轰动一时的新闻事件，该剧将儿童演员带上舞台，同时根据纪录片情节进行排练，试图在最大程度上向观众还原事件原貌。这部作品在全世界范围内引起了广泛的讨论，其最大的争议点不是关于杀人犯，而是关于这些儿童演员是否合适，以及他们眼中的世界。剧目排练期间，劳带领参演儿童去拜访了杀人犯的父亲，还有受害人的父母，并通过长时间的调研，一起完成了舞

---

[14] 费德里科·加西亚·洛尔迦，西班牙诗人、剧作家，被誉为西班牙最杰出的作家之一，"27年一代"的代表，与超现实主义画家达利关系紧密。他于1929年创作的超现实主义电影剧本《月球之旅》（*VIAJE A LA LUNA*），其中只有意象，没有情节。
[15] 米罗·劳，比利时根特剧院艺术总监、瑞士戏剧导演、新闻记者、散文作家，并在大学教授"文化理论学"与"社会雕塑"等课程，师从社会学家布迪厄。

台上呈现的台词。

这部剧从对儿童演员的采访开始，仿佛他们正在试镜。通过"读取"他们的成长背景、对成年后的想象和一些才能展示，来确定他们各自在剧中的角色（当然，角色是之前就确定好的）。第一幕，孩子们被询问对于罪犯马克·迪特鲁（Marc Dutroux）的父亲有什么看法？他应该承担什么责任？其中一位小演员扮演杀人犯的父亲。第二幕，一个小演员扮演警察，讲述警方在这个案件当中如何去破案，因为在真实事件中，由于比利时警察的不作为导致了两个孩子的死亡。第三幕是该剧争议最大的一个部分，由一位8岁小女孩扮演性侵杀人案的受害者。她表演了受害者被关在昏暗的小屋里，并讲述了受害者写给她父母的信件。这部剧之所以引起这么大的争议，是因为人们担心如果让一个没有自主意识的小朋友在舞台上去呈现这么残忍的一幕，这一经历是否会对她的心理产生负面影响。但从演后采访中能看出，这些孩子十分清楚他们饰演的角色与他们本人的区别。第四幕比较动人，导演让孩子们扮演被害者的父母。这也是最能自由发挥的一幕，完全没有按照当时的纪录片去展现。导演希望通过这一幕，让这些孩子们去了解父母的悲伤以及他们的责任。第五幕重演了葬礼的现场，导演让所有的孩子在舞台上讲述在这场悲剧中获得了什么教训，了解到政府做了什么，没有做什么，导演试图把演员和观众所体会到的震惊和恐怖情绪转化为对当局政府的质询，以及对社会发展和人性的反思。

这虽然是一部成人导演的儿童政治剧场，可是整个排练过程很大程度都由孩子本身的思考和行为推动。儿童演员以自己的角度思考事件，思考和体会不同人物的心理活动和行为，并阐述自己对此事件的看法。

以上是我选择的过去20年间最具代表性的社会性剧场案例。由此我们可以看到，在面对真实的社会问题和生活现状时，剧场可以打通年龄代际和不同阶层；在面对历史与当下问题时，剧场也营造了一个可以自由对话

米罗·劳,《轻松五章》

和释放自我情感的空间,激发民众的想象,使得剧场变成一个个回应现实的现场。

六、"问题剧场"计划

在此基础上,我想谈一谈我自己的创作,这和前述的代表性作品有很多对话的可能。2018 年,我启动了"问题剧场"计划,这是一个长期关注全球化影响下的当代社会问题、面向不同地域开展的艺术实践计划。该项目将"剧场"作为社会艺术实践的方法论,通过田野调研,采集民众生活经验作为素材,探寻作为主体的人在快速发展的社会中如何自处。通过深入研究这些个案,我试图探悉不同地域的面貌和社会形态,讲述当下的冲突,继而找到真正的"问题"。目前,"问题剧场"已在日本京都,中国北京、成都、深圳展开剧场实践,主要围绕新自由主义所引发的最近一轮全球化过程中呈现出来的典型问题和民众面临的处境来展开。

在我进入每座城市寻找到合适的剧场主题后，会和当地的艺术机构合作或通过美术馆平台公开招募不同年龄层、不同性别、不同职业背景的民众参与到剧场共创项目中。通过前期几场主题性剧场工作坊，我会和参与者共同创作出一部剧场作品，并在项目尾期公开演出。在此过程中，我也会根据剧场工作坊激发出的新思考和创作情况，单独创作一组多频录像的装置艺术作品，在演出的展厅内放映。

2018 年，我在日本京都艺术中心开启了"问题剧场"计划的第一站。作品围绕"你希望自己的人生是诗还是小说？"这个问题，借用文体来对参与者目前的人生进行总结和比喻，展示日本当下民众的精神面貌，继而剖析京都人的生存状态。受制于语言交流的隔阂，项目前期调研的大部分时间都以观察为主。我会特别留意观察菜市场、步行街、鸭川河边当地人的生活状态，并观看当地传统艺术表演，参加当地传统节日。我看到午后街头随处可见正在阅读的人们，这让我特别好奇他们的阅读喜好和内容。此外，京都普遍狭小的日常生活空间带给我的身体感受，让我开始思考人的身体动作因空间产生的变化，以及人的行为方式是否被过度的秩序化所规训等问题。

当我带着"你希望自己的人生是诗还是小说？"这个问题在京都各个街道进行随访时，当地民众大多认为"小说"是用来描述具体的人生过程的文体，用具象的故事来呈现叙述；而"诗"指向对人生的总结提炼，能够进行精神上和意向上的总结。在我看来，二者指向的是两种不同的生命美学和表达方式。全球化时代的问题固然有许多共性，但因不同的身体和生命的在场，不同城市的民众和他们行动的场域仍然会呈现出微妙的地域性差异。我尝试通过京都艺术中心的平台招募当地人参与此次剧场项目，从而同参与者一起挖掘全球化过程背后的复杂性。最后我在二十多位报名者当中选定了五位参与者，他们分别是长居京都的仓库管理员、7-11 便利店的售货员、医院里的护工、平面设计师和住在京都周边每日坐高铁进城的学生。我们以每周一次的频率,通过八场剧场工作坊与参与者们快速达成一个一起讨论、共同创作的团体。

最终呈现的展览由两件作品构成,其创作过程和呈现方式紧密相关。第一件作品是五频录像装置《小说?诗?》,由前文所提的那个简单的设问开始,通过场景、人、话语、材料和投影的重叠交错,展示那些围绕"小说和诗"的不同答案和解释,从而将人与日常生存环境、人与他人、人与自身的复杂关系一一呈现。另外一件作品是现场表演《神域》,[16] 这个自带神秘性的词帮助我们在当代生活和艺术设问之上开辟出一个新的空间。在日本人信仰的古神道教的语境下,最理想的沟通形式就是"代しろ",即你一张嘴对方就理解你要说的内容。在这个意义上,作品《神域》便是对"最理想的沟通方式"的无限接近。在这个表演空间内,观众通过参与三幕表演来抵达这个由现代生活方式和传统文化交织的交流空间,试图抵达无障碍交流。

2019年在北京展开的"问题剧场",结合了当时发生的社会时事,并再次抛出荣格的"集体无意识"这个议题。在北京798艺术区的 Tabula Rasa 画廊,我和有着不同职业背景的参与者们一起创作出现场表演《第六天》和三频录像装置《镜子》。《第六天》的作品名是在剧场工作坊的排演过程中诞生的:由于不可抗力,原定演出的时间临时调整,"第六天"成为永远不会到来的一天。参与表演的人依旧是公开招募后选定的在地居民,其中有一位五岁的小朋友、一名青年女画家、一名妇产科护士、一名开发游戏的程序员,还有一位买卖古董、喜爱呼麦音乐的60岁老人。

---

[16] 即"依り代"(よりしろ),取自日本的神学概念,意思是在现实生活中构建一个类似"依代"的场域,从而让神明有可能经过,实现人和神交流的可能性。日本大街小巷随处可见的神社从形式上来讲就是"依り代"的一种化身。"依り代"既是日本人对空间的构造,也是他们对沟通的理解。"代しろ"意指相互心领神会。

历史中的艺术与艺术的历史

我在这个由旧厂房改造的画廊空间内,将 PVC 管、广角镜、塑料布、探照灯等日常物品集结在一起,带领五位参与者在这个空间场景内游戏、表达、发生关联,在阐述当代生活碎片式的体验时,试图从偶然性中提炼出令人惊奇的发现,唤醒"常识"(巴勃罗·弗莱雷语)。现场表演《第六天》呼应了当时发生的一些社会事件,而当代社会的很多矛盾之所以激化,很多时候是因为大家都只会使用主语(如你、我、他、你们、我们、他们),强调自身的立场,而忽略了其他人的视角,难以倾听彼此的诉求,造成观点的对立和更大的冲突,并导致矛盾升级。表演中使用的道具由参与者们根据自己的工作经验和日常使用习惯,对 PVC 管进行改造设计而成。比如护士小姐给自己做了一副可以使脚不着地的拐杖,买卖古董的老人做了一个构造极其复杂并且可以吹响的乐器。选择 PVC 管缘于我在城市中的老集体住宅楼看到的景象。这些楼房往往都有几十年的历史,直至现在仍有很多人居住其中。由于房屋内部水电管道老化,政府在建筑外用 PVC 管重新排布水管和电路,形成一种"内脏外挂"的景象。这种处理方式事实上形成了特定条件下产生和解决社会制度与人类生存问题的路径之一,也与一个特定时期的历史记忆相关联。这些都能紧扣"问题剧场计划"的形成。同时,我在画廊空间上方安装了数十个支架,其上安有能够如爪牙一般在空间中伸展窥视的大型广角镜。在表演中,它们能帮助在场的每个人随时确认他人的位置。此外,从墙角处往中心,空间上方装有射灯,能够将 PVC 框架结构投影到经过遮蔽处理的墙面上,营造出表演空间的氛围。我希望剧场选用的媒介能够传递作品的气质和信息,并让现场观众感受到。

我希望这个剧作一方面可以体现出个体向群体、复数叠加式的转变,另一方面则是对集体无意识的反思,警惕日常所见的无意识行为,即只强调主语立场,渐渐导致沟通失效,从而无法提供解决问题的方案。整个表演中只有六个台词——"你、我、他、你们、我们、他们",表演现场年龄最小的儿童也跟着这些成年表演者喊出这几个词。每个人称代词背后，我都让参与者们准备一句特定的但不需要说出来的话。我对他们的表演要求就是，在讲这些人称代词时，他们需在心里默念完这句话，并需带着那句话的情感讲出人称代词，而省略的内容永远不会被观众得知。所以表演呈现出的是每个人都在强调自己的立场，矛盾、冲突、焦虑等令人不安的情绪都在这一过程中生成。通过营造整个场域的效果，观众的身心情感沉浸于强烈的空间氛围中，从而推动他们对当代中国社会关系进行重新思考。在这次项目的后期，"焦虑"成为在这座城市讨论公民社会生活的无法逃避与辩驳的关键词。参演的一位群众演员在几次排练中发出感慨，提到共同创作的经历让他明白应"尽量避免二元对立的关系"；而另一位演员则在社交媒体中写道："艺术是真实的游戏，生活是虚假的现实。"在某种程度上，剧场创造了一种虽不存在却很重要的空想乌托邦。

和表演在同一个空间内呈现的还有另一件作品：三频录像装置《镜子》。除了和《第六天》一样的场景布置，该装置旁边还有一个在机械控制下模仿呼吸动作并发出巨大噪声的大型不锈钢密闭金属盒子，犹如川流不息的城市在艰难地交替呼吸。装置中播放着三段录像，拍摄了参与者带着他们的道具在日常空间当中行走的画面。"镜子里装满了人，不为所见的人，望着我们。被遗忘的人，记着我们。我们看到自己，也看到了他们。我们离去时，他们是否也离去？"这是我很喜欢的乌拉圭作家加莱亚诺（Eduardo Galeano）[17]《镜子》一书的开篇语，也是我这个空间作品《镜子》的灵感来源。《镜子》在展现集体性焦虑的底色上，还探讨了我们在当下社会中的生存状态，是对《第六天》主题的延续和放大。此外，"问题剧

---

[17] 爱德华多·加莱亚诺，乌拉圭记者、作家和小说家，先后担任过记者、编辑、主编，代表作有《拉丁美洲被切开的血管》。《镜子》一书是他依据散落民间的口头记忆和被遗忘的材料所作，以600个言简意赅的小故事，从拉美当地人的角度重新书写了一部倒转的世界史。

场"北京站也期待能够联结观者自身的生命体验，使参与者能够在现实和臆想的交汇之处想象一种新的可能。

2020年于成都A4美术馆开展的"问题剧场"第三站则围绕"附近是否在改变，以及附近是否可以重构？"这个问题展开。该项目缘于人类学家项飙提出的"附近的消失"，这一议题引起了网络上的热烈讨论，也引起了我的思考：是何种原因导致大家对这个说法如此有共鸣呢？在这次的项目中，我不仅和当地参与者进行交流，也在网络上征集了更多人的回应。随着网络技术发展和社会组织方式的改变，对于"附近"一词，不同年龄的人有了不同的理解，而突如其来的新冠疫情也让民众普遍处于焦虑之中，无法适应慢下来甚至是随时停滞下来的社会环境。所以当美术馆公开招募时，这个主题吸引了几十位成都居民报名参加，他们的年龄跨度在16岁至60岁。通过两轮筛选，我们最终确定了六名参与者。当下成都的新区开发已经导致旧城区的面积极大缩小了，因而新城区和旧城区居民对于"附近"的体会可能是完全不一样的。所以我在筛选参与者时，除了像之前一样注重专业和年龄，更要注重参与者的居住地。因此我在设置成都站的表演形式时，更侧重于让观众静下来聆听他人的故事，同时反思自己。

表演作品名为《从不，有时，经常，总是》，是一个三幕剧。第一幕由两个可移动的录像装置构成，一侧播放网上征集的关于三个问题的回答录像："什么是附近？附近的界限是什么？附近是否会消失？"；另一侧则实时转播参与者们吃力地推着和他们体形等大的镜面箱在美术馆社区内游走的画面。当这些演员推着镜面道具箱进入表演空间之后，第二幕开始，每人围绕"附近"这一主题词讲述一分钟的故事。通过这一幕的表演，观众基本上可以判断表演者们各自的年龄和经济状况会如何影响他们对"附近"这个词的认识和态度。在第三幕，我加入了一个发动现场观众参与的环节。这些观看者在最初入场的时候会拿到四种颜色的卡片，分别代表四个答案，

王子月，《从不，有时，经常，总是》，2020 年，四频录像 & 声音装置数件，23 分钟，尺寸可变

其中绿色代表"从不"，蓝色代表"有时"，黄色代表"经常"，红色代表"总是"。第三幕空间内播放由 AI 女声宣读的情绪自测题。当大家开始举起手中的色卡作答时，室内的直播系统启动，背景大屏幕上会清晰地呈现现场所有人的动作和答案。我希望通过这样的形式让大家重新审视新冠疫情中真实的生活情况和个体自身的状况。表演结束之后，同名四频录像装置作品在 A4 美术馆的展厅展览了五个月，供更多的成都市民前来观看。

在成都剧场工作坊期间，一位 40 岁的男士讲述自己必须经常做一些正念练习来应对周围事物的高速发展，这引起我对城市化建设如何影响人们的生存状态的关注。2022 年，我以"深圳速度"为主题在 OCAT 深圳馆开启了"问题剧场"深圳站的项目。我们通常很难清楚地描述一座超级大城市里生活的几千万人的生存处境。特别考虑到深圳是一个移民城市，我在招募演员的时候，就希望这是一个尽可能多元、复杂的队伍，试图呈现深圳高速发展之下人的生活状态的复杂性。

这次最终确定下来的八位演员，年龄在 23 岁到 62 岁之间，有刚毕业的年轻"深二代"、企业老板、经历过东北"下岗潮"的"深一代"移民等。通过他们的角度提出的问题，一定程度可以代表不同的群体和深圳这座城市更鲜活的关系。我从第一场工作坊就开始搜集问题，最终为期一个半月的七场工作坊共提出近千个不同面向的问题。年龄和职业的不同，以及在深圳生活的时间长短，都会影响他们对城市生活的理解，每位参与者都会问出属于自己群体和时代的问题。其中，工作坊中年纪最大的参与者，是一位来自东北的 62 岁大叔。他经历过下岗潮，后来来到深圳，做过保安，也做过外贸出口的生意，他问的是："深圳有多少人会看《新闻联播》？"从由集体经济主导的北方，迁移到"爱拼才会赢"精神下的南方，他也不再每天晚上 7 点准时打开电视机了。而毕业后来到深圳工作的年轻人，每天两点一线，生活几乎被工作填满，会带着一点点怅惘地问："漂泊是人生的常态吗？""你想要的生活在深圳能实现吗？""十年后你还在深圳吗？"——这些问题既是对他人的发问，也是提问者对自己的发问。

于我而言，"问题剧场"将解释权交给了演员和观众。深圳是一座怎样的城市，可以从演员提出的问题和观众的反应中看到轮廓。其中，表

王子月，《世事恰如溪流》剧照，2022 年

演《世事恰如溪流》中有一幕是，参演者们将近千个问题一个个抛向观众："别人定的目标与你的人生有关吗？""你对未来充满信心吗？"……在连续的发问中，观众可能会感到尴尬、不安或困窘，但我想，提问的作用也就在这时生效了。

和前三站的"问题剧场"不同，深圳站的现场是更加具象的。独木桥、冰梯、脚手架、仿钢铁质感的深圳水系圆盘，都表达了我对深圳的感受——行走、迁移、劳作，永远处于流动忙碌的建设状态。但重要的并不是我想用这些装置代表什么，而是观众自己的解读。表演者走过独木桥时，可能是自信、笃定的，也可能是紧张、谨慎的，就像每一个初到深圳的人都有不同的心境，而观看的人也会自然地去思考自己和这座城市的关系。剧场最后一幕的灵感，也是来自参演者在工作坊时提的一个问题："如果你是一个雕塑，你想被放在深圳的哪里？"这个问题给了我很大的触动。雕塑是什么？不仅是自己主动成为雕塑，更多的是来自周边环境的塑造。我们最终选择的生活方式，是环境给我们的关照，还是挤压的结果？我们如何在"深圳速度"下找到自己的支点，是这次"问题剧场"想要尝试回应的问题。我们始终要关注的，是这座城市中人的生存状态。

概而言之，"问题剧场"的基本初衷是希望可以在剧场的场域内，通过呈现典型的样本，唤起参与者自身和观众的问题意识，反思各自对于同一个特定问题的看法，引发大家重新思考的可能性。当然，这对我而言也是如此。另一方面，不同城市之间有着明显相异的生活体验，在京都产生的问题，肯定不同于北京，更不同于成都。如果交换城市议题，可能"问题剧场"根本无法进行下去。这些不同的经历给我带来了切身的身体经验，直接影响了我对剧场创作认识的转变，也促成了我对"问题剧场"计划的持续思考和实践。比如，前一站参与者们在剧场工作坊中抛出的答案，也会启发我对下一站主题和城市的选择。在成都站剧场工作坊时，其中一位

24 岁的女孩曾说，自己的生活完全被数据化以后，她认为自己的物理附近的确消失了，但她在线上获得了很多新的"附近"，因此也启发了我计划围绕"数据和权力"在上海开展新一站"问题剧场"项目。

　　创造"某些事情可能发生的框架"，是我作为剧场导演和艺术创作者的工作。"问题剧场"计划以剧场和当代艺术作品的形式呈现，是我对当下社会问题的回应和对社会矛盾的思考与总结。"问题剧场"提供了一个可以回应现实的空间，创造了一个辩证的过程，刺激观者活在"提问"里，开展新的思考，并积极地面对现实的矛盾，从结果衡量标准中把自己解放出来，尝试建构新的"集体记忆"。与此同时，这也是在尝试一种新的民主的艺术生产方式。

【参考文献】

[乌拉圭] 爱德华多·加莱亚诺著，张伟译，2012，《镜子：照出你看不见的世界史》，桂林：广西师范大学出版社。

[德] 汉斯·蒂斯·雷曼著，李亦男译，2010，《后戏剧剧场》，北京：北京大学出版社。

[美] 理查德·谢克纳著，曹路生译，2001[1973]，《环境戏剧》，北京：中国戏剧出版社。

书评

观念范式与二十世纪资本主义大变革
评马克·布莱思《大转变：二十世纪的经济学观念和制度变迁》[①]

周泹莽[②]

【摘要】布莱思（Mark Blyth）的《大转变：二十世纪的经济学观念和制度变迁》（下文简写作《大转变》）一书以观念演变的视角审视20世纪资本主义世界的两次制度转型：三四十年代从古典自由主义到嵌入式自由主义的转型和七八十年代从嵌入式自由主义到新自由主义的转型。布莱思指出，观念演变在两次大转变中都发挥了重要而独立的作用。本文简述了布莱思对美国和瑞典的两次大转变的观念解释，并将其与基于物质基础的传统解释加以对比，指出观念解释的优势在于将决策过程、行动者的形成过程、观念的能动性纳入考量。在此基础上，本文检讨了《大转变》的不足：观念作为分析单位边界不清晰、混淆专业知识和意识形态、忽略全球化的影响。尽管如此，《大转变》依然是面临又一次"波兰尼时刻"的当今世界应当重读的佳作。

[①] 评论书籍：[美] 马克·布莱思著，周泹莽译，2023年即出，《大转变：二十世纪的经济学观念和制度变迁》，杭州：浙江大学出版社。

[②] 周泹莽，纽约州立大学社会学系博士，中国人民大学社会学系讲师，主要研究领域为经济社会学、比较历史社会学，研究成果发表于《社会学研究》等期刊。

····

今天的读者或许难以想象，经典教材《经济学》在1948年初版时，萨缪尔森（Paul A. Samuelson）曾写道："现代人再也不相信'管得最少的政府管得最好'了。"这句斩钉截铁的断言，在重版修订过程中语气不断缓和，终于在1973年的第七版中被彻底删除（Hacker and Pierson 2017, 167-168）。这可谓20世纪资本主义世界两次制度大转变的缩影。第一次大转变发生在"大萧条"之后的20世纪三四十年代，嵌入式自由主义（embedded liberalism）政治逐渐取代自由放任的古典自由主义。嵌入式自由主义是指战后资本主义世界以福利国家和充分就业为核心，强调国家干预与自由市场相结合是其政策特征，凯恩斯主义和需求侧经济学是其理论代表。第二次大转变则发生在石油危机之后的20世纪七八十年代，新自由主义政治取代嵌入式自由主义，以市场机制和控制通胀为核心，强调自由贸易和小政府是其政策特征，货币主义和供给侧经济学是其理论代表。美国的罗斯福新政和"里根革命"分别是两次转型较为著名的例证。但类似的转型也存在于同时或稍晚的德国、法国、英国、瑞典等发达资本主义国家。

"嵌入式自由主义"一词来源于政治学家鲁吉（Ruggie 1982），其中"嵌入"的概念显然借自波兰尼（Karl Polanyi）。"嵌入性"是指市场关系并非独立于社会关系的、自然形成的客观规律，而是形成于具体的历史过程中（尤其是民族国家的保护之下），并且在特定的社会关系之中才能发挥作用。在这个意义上，两次大转变分别是指（1）嵌入过程：在社会弱势群体向国家谋求保护的情况下，国家将市场关系与社会保护机制相结合的过程，和（2）脱嵌过程：市场扩张，脱离社会保护机制而以自主的"市场机制"运行的过程。社会学家麦琪（Mudge 2018；另参看郦菁 2020）发明了"波兰尼时刻"一词，来概括两次大转变在波兰尼理论视野下的正反关系。而任教于布朗大学的政治经济学家马克·布莱思出版于 2002 年的《大转变：二十世纪的经济学观念和制度变迁》一书，更是直接套用了波兰尼著作的书名（*Great Transformation*），只是这里"转变"由单数变为复数，以示市场嵌入的转型并非波兰尼所期待的单向过程，而是来回往复的双向过程。

两次大转变对西方世界产生了重大影响，相关研究自然汗牛充栋。在这些著作中，《大转变》一书之所以特别值得向中文学界引介，原因有三。第一，《大转变》不仅兼顾两次转型，而且分析比较了美国和瑞典两个典型国家。本书对两国转型期间的制度演变、民主竞争、社会运动都做了详备论述，既展现历史全景，又突出国家差别，论述本身也可作为专题史来阅读。第二，与同类研究相比，《大转变》特别突出观念（ideas）在经济危机中塑造共识、变革制度的重要性，在传统的政治和经济解释之外别开生面。自本书之后，观念范式经 20 年发展，蔚为大观，在本书议题之外也具有广泛适用性，对于习惯传统物质性解释的国内学界不无裨益。第三，作者布莱思虽受政治学训练，但其所对话的历史制度主义和理性选择理论在社会学和经济学中有相当影响力，因此《大转变》不论从经验层面而言，还是就理论范式而论，都具有跨学科的广泛意义。

本文安排如下。第一部分简要概括《大转变》的基本内容，笔者着重从经验层面概括布莱思对美国和瑞典两次"大转变"的历史解释。第二部分简要回顾了相关议题的传统解释，以此为基础论述《大转变》的主要贡献。第三部分结合观念范式的其他相关研究，从三个角度讨论了本书的局限性及观念范式的后续发展。最后，本文结合当前背景浅谈了这本书对中文社科学界的意义。

一、《大转变》：解释美国和瑞典的"波兰尼时刻"

布莱思的基本观点是，当宏观经济条件处于"奈特式不确定性"[③]的状况时，身处其中的行动者无法以既有知识理解不确定的社会环境，也无法明确自身的真实利益是什么、如何实现。在这一环境下，经济学观念能够起到降低不确定性的作用，使得在不同利益集团之间建立联盟、形成集体行动成为可能，并能够冲击现有制度，为建立新制度提供纲领和蓝图，最终为维持新制度的稳定创造条件。布莱思通过梳理美国和瑞典的"波兰尼时刻"，阐述了不同的经济学观念是如何在不同环境下展现这些机制的。

美国：从凯恩斯到里根

自 1929 年"大萧条"开始到"二战"结束，美国经历了从古典自由主义到嵌入式自由主义的第一次大转变。在这一轮变革中，美国政府对经济危机的解读经历了多种观念的更替。胡佛政府秉持财政保守主义的"稳健财政论"立场，以失败收场。罗斯福政府上台之初持有支持垄断的"价格管制论"立场，而后转向"反垄断论"；另一方面，"消费不足"引起通货紧缩的观念，逐渐为成熟工业国家必然经历"长期停滞"的观念所取代。这些观念在不同时期适应并调整了国家与劳资双方的关系，最终在各方妥协之下形成了相对稳定的"增长术"观念。

"大萧条"伊始，胡佛政府秉持"稳健财政论"，认定经济萧条是政府

[③] "奈特式不确定性"（Knightian uncertainty）是基于美国著名经济学家弗兰克·奈特（Frank Knight）的著作《风险、不确定性与利润》而产生的概念。"风险"的概率是可知的，而奈特所谓的不确定性发生的概率是不可知的。

不坚持财政平衡的恶果。胡佛一方面纵容垄断以稳定价格,一方面则增加税收以平衡预算,结果两种策略相互抵消,没能解决市场的通缩困境。由于这一失败,1932年总统选举中,商业阶层不再支持胡佛,转而支持罗斯福领导的民主党。

在执政初期,罗斯福将"价格管制论"与"消费不足论"两种观念结合,认为经济萧条的原因是现代企业协同性不足,政府应当推动垄断,促进市场的协同和稳定;同时,国家可以借助公共工程来提高消费水平,巩固垄断企业或垄断组织的地位。公共工程挤压了企业的投资空间,削弱了商业阶层对"价格管制论"的支持;另一方面,公共工程虽然有利于劳工,但对于当时主导劳工运动的职业工会(craft unions)[④]而言,扩大劳工自主权反而挑战了其权力,因此国家也没有得到工会的有力支持。不到一年,这一方案的核心《工业复兴法》被判违宪,罗斯福不得不改弦更张。

罗斯福的新策略是团结劳工、打击大企业,转向"反垄断论"和"消费不足论"相结合的观念,将经济萧条解释为垄断造成工薪阶层消费水平不足的后果。罗斯福政府支持新兴的劳工组织,并推进社会保障体制(《瓦格纳法案》),在1933年至1937年间实现了有效的经济恢复。但到了1937年,经济再次陷入衰退,"长期停滞论"的观点逐渐在学界和政界取代了"消费不足论"。这种观念认为,经济发展到成熟工业化阶段,经济衰退是不可避免的,因此主张实行充分就业政策并建立全民福利国家。然而,这一观念激起了商业阶层的反对。同时,经过战后工业生产动荡,劳工阶层谋求与企业达成更长期的劳资协议,这也削弱了他们对国家的支持。

---

④ 职业工会(craft unions),或"技工工会",这种古典工会的主要特征是以工种和技能作为组织工会的依据,因此译为"职业工会",区别于后来出现的基于产业或企业的新式工会(产业工会、企业工会)。在20世纪30年代的美国,职业工会的代表是全美劳工同盟(American Federation of Labor),而新式工会的代表是产业组织大会(Congress of Industrial Organizations)。

此时，"增长术"观念适应了战后国家、劳工、商业阶层相互妥协的关系。"增长术"观念一方面延续了财政保守主义对平衡预算的一贯坚持，另一方面吸收了"长期停滞论"中充分就业的观点。其中的折中办法是锚定失业率目标，以此为基准调节税收水平，在经济困难时自动产生赤字，而在经济景气时自动产生盈余。美国的嵌入式自由主义在这一观念的基础上，促成了此后长达20年的稳定增长时期。从20世纪70年代开始，嵌入式自由主义逐渐瓦解，最终让位于亲市场的新自由主义，完成了美国在20世纪的第二次"大转变"。到20世纪60年代末，约翰逊政府实施"伟大社会"计划（the Great Society）并深陷越战泥潭，造成了严重的通胀。虽然尼克松政府一反共和党常态，强化了政府的市场监管，但效果未达预期，尤其1973年石油危机之后，经济滞胀严重（根据凯恩斯主义的"菲利普斯曲线"，滞胀是不可能出现的）。商业阶层被动员起来反对政府监管。随着政治行动委员会的出现[5]，一大批有政治影响力的商业组织（比如商业圆桌会议）和智库（比如传统基金会）在这一时期发展壮大。这些机构将货币主义、理性预期论、供给侧理论、公共选择理论这四种不同的经济学观念整合起来，共同将滞胀建构为"通胀危机"。货币主义和理性预期论否定了积极货币政策的有效性，供给侧理论重新强调了萨伊定律和供给关系的重要性，而公共选择理论则将经济波动归咎于政府轮替。这些观念都强调，通胀对社会总体福利的威胁超过失业，并且通胀和失业都是国家干预造成的。

20世纪70年代末，商业阶层进一步以卡特政府的税制改革和加州抗税运动为契机，将经济萧条建构为"资本形成危机"，认为美国税负过高妨

---

[5] 美国国会于1971年通过了《竞选财务改革法》（Campaign Finance Reform Act），允许为公司或劳工组织设立服务于政治目的的募款基金，为此设立的组织称为"政治行动委员会"（political action committee），同时限定了个人向政治行动委员会的捐款额度。该法的初衷是平衡企业和工会影响竞选的能力，但是根据联邦选举委员会（Federal Election Commission）在1975年做出的一项裁决，一个组织所能建立的政治行动委员会数量不受限制。因此，政治行动委员会实际上有利于资方。

碍了资本形成。与此同时，"拉弗曲线"⑥的减税方案为"资本形成"观念的支持者（支持任何形式的减税）和货币主义的支持者（支持以减税限制货币供应量来降低通胀）提供了共同行动的基础。亲市场的政客和学者集结在"资本形成危机"和"拉弗曲线"的旗帜下，以《华尔街日报》等金融媒体为阵地，不断阐述一个简明的经济复苏方案：通过减税增加总产出。而在政府层面，卡特为了能在总统竞选中击败当时在任的福特总统，将通胀归咎于赤字；他上任后因为这一观念作茧自缚，无法通过增加政府开支有所作为，因此不得不求助于货币主义。一旦货币主义的观念在市场中占据主导地位，美联储任何增加货币供给的政策都会提高通胀预期，经济因而陷入通货紧缩的循环。⑦这一怪圈造成了20世纪30年代以来最严重的经济衰退，卡特总统也在连任竞选中败给了里根。

1981年共和党政府上台后，里根的计划是：一方面大幅度削减财政开支并减少货币供给以降低通胀预期，另一方面大规模增加国防军备，并通过减税、压制劳工、放松监管等手段刺激市场。这一政策会同时加剧通货紧缩并扩大赤字，因而面临两难。里根以理性预期理论化解这一两难：政府大胆采取行动这件事本身，会改变市场的悲观预期，打破通缩循环。与此同时，里根将赤字归咎于嵌入式自由主义下的联邦开支，而非他上台以来的减税政策，借此大幅度削减了社会福利开支。

在这一背景下，左翼的民主党非但不能维护嵌入式自由主义，反而陷入"认知锁定"（cognitive locking），与共和党基于类似的经济学观念展开竞争。在1979年至1981年间，共和党政府提出减税政策之后，民主党向国会提出了更为激进的减税方案。20世纪80年代初，尽管民主党内一些

---

⑥ 拉弗曲线（the Laffer Curve）由美国经济学家阿瑟·拉弗（Arthur Laffer）提出，认为税率与政府财税收入存在"倒U型"关系，在税率超过一定水平之后，税率的提高反而会削减财税收入。拉弗曲线因其通俗易懂的形式和简单直接的主张而受到经济专栏作家的广泛引用，在20世纪70年代成为供给侧经济学最有名的理论，并对里根政府的经济政策产生很大影响。
⑦ 关于货币主义的这一自我实现机制，下文有更详细的讨论。

政治家试图以产业政策的新观念挑战货币主义，但许多左翼经济学家却囿于产业政策会导致"大政府"的观念，拒绝予以支持。最终，克林顿政府的经济政策是基于民主党的财政稳健论，将削减赤字作为经济策略的核心，实际上废除了罗斯福新政以来一系列社会保障体制的成果。脱嵌的新自由主义最终取代了嵌入式自由主义政策。

瑞典：从斯德哥尔摩学派到规范政策

与美国相似，瑞典也在社会民主党（"社民党"）带领下在"大萧条"期间建立了嵌入式自由主义。社民党是与国际共产主义运动颇有渊源的工人政党，并在1917年选举中第一次赢得了政权。但社民党并非从一开始就有意识地奉行嵌入式自由主义，相反，由于缺乏明确的经济学观念，社民党起初只能借助古典经济学来理解和应对经济萧条。他们认定经济危机的原因在于货币流动性不足，主张恢复金本位制并逐步减少货币供应量，同时避免福利政策，以防人为提高总体价格水平。为此，社民党认为通缩、失业、工资下降是解决经济危机的必要代价，这些政策不仅背弃了本党选民，而且使经济陷于严重通缩。

从20世纪20年代中期开始，社民党人开始建立新的经济学观念。社民党经济专家与斯德哥尔摩学派的年轻学者合作，提出了一种注重提升购买力、强调充分就业的需求侧经济学理论（非常接近后来的凯恩斯主义）。这种观念之所以容易为其他利益集团接受，是因为它"将经济总量的扩张作为解决失业、价格下跌、盈利水平下降的对策"。另外，相比于美国的民主党，社民党与劳工运动有着更紧密的联系，并以需求侧理论吸引了农业利益集团的支持，并通过容忍企业所有权的高度集中、维持低利率的政策包容了大资本的利益。

借助观念的协调作用，国家、劳工阶层和商业阶层于1938年达成了历史性的"萨尔特舍巴登协议"。该协议一方面以产业合理化政策保护大资产阶级的利益,另一方面以充分就业为经济政策的首要目标,保护劳工阶层利益,并规定劳资谈判必须通过瑞典总工会(Landsorganisationen i Sverige)和瑞典雇主联合会(Svenska Arbetsgivareforeningen)集中进行。这一协议构成了瑞典嵌入式自由主义的基本架构。

战后,瑞典社民党与美国政府一样担忧经济长期停滞的危险,因而总工会的经济学家推翻了单纯依靠促进总需求维持充分就业的思路,代之以雷恩-迈德纳模式(Rehn-Meidner model)。这一模式有三个突出的新因素。第一,认为需求过剩并非工资过高的结果,而是利润过高的结果,因此主张以温和的紧缩财政将需求控制在一定水平。第二,认为收入政策不应制造行业间的差别,因此主张实施"团结工资"(solidarity wage),通过总工会协调实现不同行业之间的同工同酬。第三,实行积极的劳动力市场政策,以将因前两项而被淘汰的落后产业中的工人引入新产业。这一观念深化了瑞典的嵌入式自由主义。

而20世纪60年代末70年代初,瑞典的嵌入式自由主义制度开始动摇,原因有三。第一,团结工资的平等主义长期压低工人工资,造成越来越多绕过工会的"野猫罢工";第二,总工会推动工人民主参与公司管理,引起商业阶层不满;第三,国家的一系列监管措施,尤其是对企业征收20%利润税以设立"工薪阶层基金"(wage-earners funds)的政策,加深了商业阶层对国家监管的反感。到20世纪80年代,雇主联合会和其他商业团体共同赞助了智库"商学和政策学中心"和"廷布罗"(Timbro)。这些机构支持了一系列亲市场的经济学研究,最具代表性的是"规范政策"(normpolitik)。这种观念接近公共选择理论,主张国家应坚持在任何情况下都将汇率和通胀维持在一定水平,以确保市场的可预期性。这些新自由主义观念对精英舆论产生了很大影响。

在"规范政策"论的压力和影响之下,社民党提出"第三条道路"的观念,主张跳出通胀和通缩的二分法,以扩大出口来促进经济复苏。国家不应该通过工薪阶层基金促进公共投资,而应当通过预算平衡促进私人投资;同时,必须减缓工资增长、抑制汇率,以压抑进口需求并促进出口。在这一观念指导下,社民党进行了税收改革并废除了外汇管制。

然而,社民党的"第三条道路"改革生不逢时。20世纪80年代初,瑞典出现房地产泡沫经济。"第三条道路"非但没预见泡沫破灭,反而进行财税改革,给过热的信贷市场火上浇油。信用违约引发金融危机,瑞典各大银行被迫全面收缩信贷。屋漏偏逢连夜雨,1990年爆发的海湾战争进一步使国际油价大涨。由于社民党将瑞典克朗与欧洲货币单位挂钩(也是因为社民党当时将抑制通胀而不是充分就业作为首要目标),货币投机者趁机利用瑞典克朗疯狂套利。在此背景下,瑞典银行被迫在国内通缩环境下大幅加息(隔夜拆借的年化利率一度高达500%),最终造成了大规模的经济崩溃,社民党随之下野。可以说,正是由于"规范政策"的影响,局部性的经济不稳定演变为全局性的经济危机。

1991年上台的保守党政府深陷于"规范政策"的"认知锁定"之中,主要采取了两方面经济措施。第一,坚持将抑制制度性通胀风险作为政府主要经济职能。这一做法完全无视当时瑞典的主要经济问题是通货紧缩的事实。第二,推动欧洲一体化,以加强瑞典克朗的国际信誉。追求货币国际化,意味着瑞典政府放弃了以利率或汇率工具调节国内经济的权力,因而也放弃了充分就业的承诺。1994年社民党回归之后,同样深陷于新自由主义观念,将经济危机理解为瑞典体制失败和公共部门臃肿的结构性后果。尽管选民表达了修复嵌入式自由主义体制的愿望,但社民党仅仅对保守党的政策做了有限的修复,延续了用工制度改革、财政保守主义、控制通胀等亲市场做法。至此,瑞典的嵌入式自由主义制度也基本为新自由主义制度所取代。

《大转变》的理论观点

如前文所说,《大转变》突出了观念对于制度变迁的重要性。布莱思对话的理论对象是历史制度主义和理性选择学说。历史制度主义认为,观念对于政策的影响能力取决于制度,观念必须与制度相适应才能具备政治影响力,并且只有在挑战既有制度时才能发挥作用（韦尔和斯考切波,2009[1985]；Hall 1989）。布莱思认为这种观点过分贬低了观念的能动性。尽管制度能够过滤和选择观念,但观念也能够塑造行动者对经济的理解,从而支配行动,因此具备一定的转变政策与维持/改变制度的能力。理性选择学说则认为,个体能够理解自身利益所在,观念的作用是帮助个体克服集体行动困境,使制度供给成为可能（North 1990；Goldstein and Keohane 1993）。布莱思则认为,这种观点无法解释创造和传播观念的过程为什么没有陷入集体行动困境,以及为什么特定观念比其他观念更能够动员集体行动。因此,必须打破利益和观念二分的理解框架,观念固然反映了特定行动者的利益,但利益本身也是通过观念来建构,行动者也是通过观念来组织的。

布莱思的理论贡献可以概括为三个层次。首先,他延续了波兰尼对"双向运动"的论述,同时强调"大转变"（或"大转型"）并不是单向过程,嵌入式自由主义和福利国家并不能永久性地改变资本主义,商业阶层的政治活动也能够推动嵌入式自由主义制度的瓦解,使市场从国家监管和社会关系中脱嵌。如果在《大转变》出版的 2002 年这还是一个理论性观察,在今天来看这无疑已经是为历史所证实的论断。其次,重大制度变迁并非具有明确方向的变革过程,而是"奈特式不确定性"的过程。在这种情况下,制度变迁是一个需要借助特定观念进行阐述、解释、宣传和预测的过程。第三，在奈特式不确定下，经济学观念为行动者指明了经济现象的本质和其中的因果关系，塑造了行动者对自身利益的认知，从而降低了行动的不确定性。在此基础上，观念使得行动者的集体行动成为可能，并为行动者改革既有制度提供了武器，为建构新制度提供方案，为新制度建立后的稳定创造了条件。在这一意义上，制度变迁应当视为这些不同环节构成的序列。

二、《大转变》对于传统解释的超越

对于两次大转变，传统研究更侧重阶级结构和经济基础的变化。尽管《大转变》一书独辟蹊径，揭示了经济学观念对于塑造行动和变革制度的重要性，但其论点并不否定行动者的利益在制度变迁中的作用。正如布莱思自己所指出的，观念和利益并不是竞争因素，两者的效应是相互缠绕的（第二章）。因此，他的理论与传统解释具有较强的互补性。尽管如此，观念范式在很多方面也大大超越了传统研究。本文仅以美国的第二次"大转变"（新自由主义取代嵌入式自由主义）的典型研究为例，通过对比传统解释来讨论《大转变》一书的贡献。

强调阶级结构和经济基础的传统解释虽然侧重点各有不同，但基本叙事大同小异。这些理论认为，20世纪六七十年代，美国战后制造业规模经济的红利基本耗尽，无法继续维持高就业率和经济增长。与此同时，新兴的经济组织和工业生产模式削弱了传统人力资本的价值，充足的移民劳动力又削弱了工会成员的竞争力。民权运动强调了少数族裔、女性和移民的诉求，却无意间分化了左翼政治的话语，削弱了劳工阶级的集体行动能力（Lachmann 2020；Skocpol 2003）。约翰逊政府严重的政府赤字，尼克松政府失败的财政宽松政策,能源危机之后的长期滞胀,都削弱了凯恩斯主义的合法性。随着布雷顿森林体系的瓦解,美元霸权陷入怪圈:贬值会伤害全球利润率,升值会伤害本国制造业,控制货币量和通胀日益成为美国经济政策的核心(Brenner 2003)。在社会基层,共和党的传统主张与不满于进步运动的白人基督教势力相结合,导致共和党保守势力声势日增(Block 2007;McGirr 2001)。在企业界,金融市场的繁荣使资产阶级和企业高管越来越看重短期的经济收益,而忽视企业的长期目标和社会责任(Mizruchi 2013;Davis 2009)。在政界,政治家与政党之间的传统关系淡化,政治家的活动日益依赖商业阶层及其支持下的专业智库,而较少诉诸政党的基层组织和传统价值(Pacewicz 2016;Prasad 2006)。在这些因素综合作用下,商业阶层不但更以市场为导向,而且获得了对国家更大的影响力,因此在20世纪70年代末80年代初推动了新自由主义转向。

那么观念范式能够在何种意义上对上述传统解释做出补充呢?第一,观念范式将决策过程及其核心行动者带回了转型分析中。传统解释在说明基层民主衰退、商业阶层兴起、国际环境变化等变量之后,往往略过这些结构变化与制度演变之间的关系。用社会学的理论语言来说,这类解释简化了结构转化为行动的机制,也忽视了结构变迁与偶发事件之间的关系。新自由主义的大厦不是在阶级条件成熟之后一夜建成的,而是在相对较长的时间中由许多具体的制度变革逐步筑就的。布莱思的叙述详细说明了结构变化是如何通过观念的建构和传播逐步塑造了变革制度的具体行动,尤其强调经济危机和政策失灵对推动制度变迁的重要性。这种条件造成了"奈特式不确定性",能够推动新观念的生产和传播。比如,约翰逊和尼克松政府时期应对经济危机的"新监管"激起了反抗监管的游说活动,放松了对企业政治捐款的限制,由此促进了商业智库的繁荣。这些智库为众议员坎普(Jack Kemp)的财政改革法案提供了经济学模型,使得商业阶层获得了与国会预算办公室竞争的能力。在这一例子中，行动者表现出很强的自主性和能动性，不仅仅是机械地将某种结构性利益转化为制度。

第二，观念范式强调阶级行动者的形成过程。事实上，最初强调观念对于阶级形成具有重要性的正是左翼理论家（比如葛兰西）和史学家（比如 E. P. 汤普森），但这些传统解释却忽略了特定阶级为什么能认识到彼此的共同利益。观念范式与左翼传统理论有所不同的是，前者认为"阶级"不是由生产方式先验决定的，而更类似于历史过程中形成的利益共同体，其中不同的行动者通过观念来表述和理解共同利益，从而在特定历史时空中采取集体行动。在这一层面上，"观念"更接近社会运动理论所说的"框架"（Benford and Snow 2000；冯仕政 2013），也就是将不同行动者的诉求统一起来，而使集体行动得以可能的叙事。在布莱思的论述中，商业阶层是一组实在的行动者：商业基金会是其核心，智库生产知识，商业团体进行游说，金融媒体进行舆论宣传，国会代言人直接影响立法。这些行动者之所以能够团结起来，是因为货币主义等亲市场的经济学理论将他们的利益统一表述为"小政府、低通胀"这一政策诉求，这些行动者因此具有了明确而一致的行动目标，从而能够采取一致行动。

第三，观念范式强调了观念（尤其是经济学理论）的能动性。布莱思并不否认，多数情况下观念的作用是工具性的，即观念作为一种资源，政治行动者可以出于既有目的有意识地加以使用。但《大转变》能够反驳一种对观念的犬儒主义理解：决策过程中的一切观念都只是为政治需要做背书。实际上，行动者必然是在特定观念的支配下才将某种现象解读为危机，从而形成某种行动意图，将某些行动者视为盟友/敌人，并只能在有限的政策选项中做出选择。因此，观念的有限性会导致行动的有限性。甚至，有些观念可能具有自我实现预言（self-fulfilling prophecy）的性质。例如，增发货币本身不必然导致通胀，但如果市场由货币主义信仰所主导，那么增发货币就会引起普遍的通胀预期，提高市场的通胀溢价需求，抬升长期债券利率，进而提高通胀水平。同样，由于这一机制的存在，市场紧缩一旦开始就很难逆转，因为任何逆转紧缩的政策都有可能被解读为通胀的信号，这一观念导致相反的市场行为，进一步引起紧缩。布莱思在后来的著作里因此称紧缩为"危险的观念"。这正是这本书献词部分引用经济学家哈恩（Frank Hahn）和索洛（Robert Solow）的话所表达的意思："经济体实际如何运作，可能取决于行动者认为经济体是如何运作的。"这一观察非常接近经济社会学家稍晚提出的"展演性"（performativity）概念（MacKenzie 2008; Caliskan and Callon 2010）。如果说观念的工具性论点体现了观念的"弱效应"，那么"展演性"论点就体现了观念的"强效应"。

在这些论点的基础上，我们可以充分理解观念的作用并不能简单还原为政治经济结构的作用。《大转变》不仅确证了观念是重要的变量，也在很大程度上说明了观念如何影响制度变迁。近年来，传统解释路径也开始将观念纳入叙述中。例如，《美国健忘症》（Hacker and Pierson 2017）一书的主旨是强调右翼精英的形成和兴起对"混合经济"（包括但不限于嵌入式自由主义经济）的挑战。作者认为"混合经济"面临两大威胁：其观念与美国主流社会完全不同的经济精英的兴起，以及以"兰德主义"【出自小说家兰德（Ayn Rand）】为代表的极端个人主义经济哲学的流行。这可以从一个侧面反映观念范式的影响力。

三、超越《大转变》：本书的局限性与观念范式的后续发展

政治学家康弗斯（Philip Converse）曾说："信仰体系从来不能轻易进行经验研究或量化。事实上，它们往往用来支撑这种观点：值得研究的事

无法被测量，可以被测量的事不值得研究。"（Converse 2006[1964]，1）今天或许没有学者会否认观念在政治中的重要性，但观念对制度变迁的影响依然是研究难点，原因至少有两方面。其一，观念难以界定。"观念"这一概念之下至少包含了思想传统、意识形态、专业知识等多个分析层次。在经验世界中，不同分析层次的观念，甚至同一分析层次的不同观念之间往往相互重叠，这使得如何界定观念成为研究的难点。其二，观念对制度变迁的影响机制难以确认。制度变迁是复杂的系统性过程，是不同具体机制交织作用的结果。如何从中提炼并检验观念对制度变迁的独立作用，是对研究者的一大考验。虽然《大转变》一书在诸多方面都有重大的突破，但也不可避免地在这些方面有所欠缺。笔者将结合近年从观念范式出发解释两次大转变的相关研究，以后见之明来对这些局限性略加评述。

观念作为分析单位

布莱思论述了经济危机中观念不断轮替，推动制度演变的过程。这一研究强调了观念自身的能动性，因此暗藏两个预设：观念是可观察的实在；不同观念相互独立。为了考察观念对行动者的作用，特定观念必须是一套实在的系统性话语，行动者能充分意识到其存在，并对其自觉奉行或刻意利用。并且，由于布莱思认为观念更替是制度变迁的动力之一，因此新观念必须能够替代旧观念，而不仅仅是在互不排斥的其他领域对其加以补充。如果不能坚持这两个预设，那么观念范式不免沦为一种"方便解释"：研究者可以任意解读制度背后体现的观念，并以此解释制度稳定或变迁；如果行动者并未意识到这种观念，观念的作用仅仅是分析者的事后合理化而已。

然而，这两个预设都受到了后来研究的挑战。有关前者，《大转变》中的观念标签确实常常产生于对权宜性政治行动的事后合理化。普拉萨德（Prasad 2006）在分析新自由主义转型时指出，里根和撒切尔夫人都是大众民主时代的务实型政治家，他们超然于本党传统，其推行减税或私有化政策都是特定政治语境下的权宜策略，本身并无太多意识形态色彩，而"新自由主义"是政策出台后外界给予他们的标签（另见 Venugopal 2015；Slobodian 2018）。布莱思显然不会认同这种观点，他的论述中固然有些观念符合客观实在的标准（如货币主义、公共选择理论、规范政策理论），但有些观念却更接近于标签。以"增长术"为例，尽管智库"经济发展委员会"（Committee for Economic Development）的一系列政策主张（灵活的货币政策、预算平衡等）影响了美国政府的经济政策，但《大转变》中没有给出实质性证据，证明杜鲁门或艾森豪威尔政府接受了"增长术"对经济危机的理论解释，而不仅仅是实用性地接受了经济发展委员会的政策建议。假如政府并未有意识地接受"增长术"对经济的解释并以此为依据进行决策，那么就很难用这个例子来说明观念的独立影响。

对于后者，坎贝尔和彼得森（Campbell and Pedersen 2014）指出，观念和知识生产机构构成了一个竞争市场，不同观念共存于这个市场，其影响力随着环境变化而波动。政策制定是不同观念在特定条件下妥协和组合的结果，而不是简单的观念轮替。布莱思将特定行动者与特定观念捆绑起来，因此很难解释为什么同一行动者有时会遵循两种矛盾的观念。比如，他难以解释为什么罗斯福政府的财长摩根索（Henry Morgenthau Jr.）始终支持财政保守主义，却在任长达十余年（1934—1945）。他认为美国民主党在 20 世纪 70 年代中期已深陷新自由主义观念而丧失了原有立场，以至于与共和党展开减税竞标战，这就难以解释为什么加尔布雷斯（John Kenneth Galbraith）等民主党人继续在国会活动，推动充分就业、劳工保护等凯恩斯主义议题。这种矛盾很大程度削弱了政治行动会受观念支配、甚至会陷入"认知锁定"的观点。

意识形态与专业知识

回头来看,《大转变》特别受惠于两项早期研究。一是韦尔和斯考切波(2009[1985])的论文《国家结构与国家以凯恩斯主义应对大萧条的可能性——以瑞典、英国和美国为例》,后收录于《找回国家》一书。这篇论文认为,三国政府之所以在大萧条中对凯恩斯主义的接纳方式不同,是由三国政府与学术界的制度传统所决定的。简言之,决策机构对学术界越封闭,就越难以采用当时属于异端的凯恩斯主义学说。二是伯尔曼(Harold J. Berman)的著作《社会民主主义时刻》(Berman 1998)。伯尔曼认为,在20世纪二三十年代,瑞典社民党之所以比德国社民党更快地转向社会民主主义,是因为瑞典社民党的意识形态更强调社会变革的渐进性、民主制度的进步性以及对不同社会阶级的包容性。

由于这两部作品都强调观念对政治的作用,选取的年代案例也有所重合,因此《大转变》较多地引用了两部作品的理论观点和经验论述,但这二者对"观念"的理解存在微妙的差异。韦尔和斯考切波所强调的"观念"更多指职业经济学家的专业知识。决策过程越是能够依赖专业知识的合法性,就越能获得独立于利益集团的自主性。伯尔曼强调的观念是"实用性信仰"(pragmatic beliefs),指的是具体问题上的价值判断,例如是否应该策略性地与资产阶级政党结盟,因此属于意识形态范畴。而《大转变》则不加区分地交替使用观念的这两种意涵。比如他提到,20世纪30年代,瑞典社民党理论家提出改革不仅是社会民主主义的手段,也是其目的本身,这近于"实用性信仰";同时,他又提到,维格福什(Ernst Wigforss)等社民党内经济专家则积极学习和引入新兴的斯德哥尔摩学派经济学,这属于专业知识的范畴。《大转变》将二者都视为推动瑞典嵌入式自由主义改革的"观念"。

然而,意识形态与专业知识在不同社会条件下的重要性是有差异的。

麦琪（Mudge 2018）在《重新发明左翼》一书中指出，西方左翼政党的意识形态转型，恰恰是政党与专家关系变化的结果。嵌入式自由主义时期是左翼政党与职业经济学家关系较为密切的时期，尽管国家之间存在差别，但就更长时段来看，政党与专家之间的密切关系是当时西方国家的普遍现象，很多左翼政党拥有党内的理论专家。这种联系在20世纪60年代逐渐衰退，政党不再依靠职业经济学家、大学和基础性研究，而是依赖服务于政党的、政治化的智库提供政策性研究。职业经济学家和严格的专业知识退出，注重短期政策、更具有意识形态辨识度和政治动员力的观念崛起。有学者认为，在新自由主义转型中，专家的作用"真实而有限"，局限于具体的技术工具，而意识形态转型则更多取决于选举（Lindvall 2009）。也就是说，作为意识形态的"观念"获得影响力的时期，恰恰也是作为专业知识的"观念"影响力式微的时期。布莱思本人也在书中指出，20世纪七八十年代美国经济决策所奉行的以"拉弗曲线"为核心的所谓供给侧理论是极其简化的通俗经济学，更多体现了当时的意识形态需要，与当时学院经济学家正在探索的供给侧理论存在相当差距。

在这个意义上说，嵌入式自由主义到新自由主义的大转变，与其说是观念转变的结果，不如说是政策议程由专业知识主导转变为意识形态主导的结果。不过吊诡之处在于，知识生产的场域本身也反过来受政策制定方式的演变所形塑（Campbell and Pedersen 2014；Fourcade 2009），这个问题因而陷入了"鸡生蛋、蛋生鸡"的逻辑困境。但不论如何，《大转变》将意识形态和专业知识混用，是值得商榷的。

全球视野下的观念范式

《大转变》对两次大转变的解释聚焦于美国和瑞典两国案例，而20世纪的"大转变"事实上是世界资本主义的整体现象。在20世纪四五十年代，美国和瑞典建立嵌入式自由主义体制，而英国正遵循"贝弗里奇报告"的路线建立"从摇篮到坟墓"的社会保障体系，西欧基于国家社会保险的合作主义福利国家则进一步完善，远在亚洲的日本也探索出了基于企业福利制度的集体资本主义（Esping-Andersen 1990）。而当嵌入式自由主义在20世纪七八十年代瓦解时，英国首相撒切尔夫人和法国总理希拉克正在推行公共部门私有化，德国总理科尔尝试财税改革，甚至威权政府领导下的智利和墨西哥也进行了货币主义改革。尽管转型的方式、程度和时间存在差异（Fourcade and Babb 2002；Hall and Soskice 2001），但两次"大转变"的全球性是毋庸置疑的。观念范式如何回应这种全球性变化呢？

　　传统解释往往从国际金融与贸易的角度来解释经济秩序与转型的全球性。事实上，布莱思引以为灵感源泉的波兰尼（Polanyi 2017[1944]）和鲁吉（Ruggie 1982）的研究，都是从这一角度出发解释嵌入式自由主义的兴起的。这一解释认为，20世纪初国际自由贸易极大发展，金本位制度虽然能够自动调节各国贸易收支平衡，却也造成各国长期的通货紧缩和激进的劳工运动，因此在两次世界大战之间，各国纷纷放弃金本位制并实行贸易保护和外汇管制，同时积极干预国内经济，保护就业和维持价格水平。"二战"之后的嵌入式自由主义是两种体制相互妥协的结果：通过布雷顿森林体系维持汇率稳定和国际贸易平衡，同时保留二战前的国家干预和社会保护机制。然而布雷顿森林体系却成了嵌入式自由主义的隐患。这一体系高度依赖各国央行对美国经济的信心，一旦美国的国际收支赤字过大从而破坏这种信心，各国央行将兑换美元，造成美元流动性过高。但西欧和美国之间不平衡的贸易关系，使得美国在20世纪五六十年代只能采取"商业凯恩斯主义"：一方面继续实施财政赤字政策以维持经济增长，一方面限制美元流动性并平衡美元国际收支（Major 2010）。这一自相矛盾的策略在约翰逊政府时期难以为继，美元的贬值压力最终导致布雷顿森林体制在1971

年尼克松政府时期瓦解。随之而来的通胀压力使货币主义政策在世界范围内兴起，终结了凯恩斯主义的时代（另见 Brenner 2003）。

布莱思在回应这类外部性解释时指出，制度变革的直接原因必然是国内政治行动者而非国际原因（见《大转变》结论）。这一判断无疑是正确的，但《大转变》一书并没有指明，观念是如何勾连国内行动者与国际经济秩序的变化的：外部变化如何影响了经济学观念的发展和传播？在这一关系中发展和传播经济学观念的行动者是谁？不回答这些问题，就很难从观念范式来解释为什么同一时期各国政府会接受类似的观念。一些后续研究回应了这一问题，较有代表性的是费尔布拉泽（Malcolm Fairbrother）近年出版的《自由贸易者》。作者认为新自由主义观念的传播有两条路径：在发达国家主要依赖商业阶层的游说和动员；在发展中国家则依靠技术官僚的引介和应用，这些技术官僚往往既得到国际金融机构的支持，也受其制约。费尔布拉泽的研究局限于自由贸易区政策，其他研究还强调了经济学家（Bockman and Eyal 2002）、金融国际机构（Babb 2001）和国际央行网络（Major 2010）的作用。值得玩味的是，强调观念范式的学者往往也承认经济学家作用的有限性，这也印证了前面所说的意识形态与专业知识之间的张力。

四、《大转变》之后

2008 年世界金融危机之后，全球新自由主义秩序正在迅速衰落。世界各主要国家都长期维持低利率的货币宽松政策，各国央行的市场干预日渐频繁，经济全球化由于民族主义在全球兴起、英国"脱欧"和特朗普的反贸易主义而蒙上阴影，近年更因为全球疫情和俄乌冲突而雪上加霜。一方面，愈演愈烈的金融化和以"零工经济"为代表的互联网经济业态正在进一步推动市场脱嵌（Dwyer 2018；Burrell and Fourcade 2021）；另一方面，谋求国家保护的社会运动打着反消费主义、民粹主义、种族主义乃至平权运动的旗号粉墨登场。种种迹象都预示着我们或许将迎来又一次"波兰尼时刻"。

如果我们接受布莱思的理论，那么未来的"波兰尼时刻"将由怎样的观念来建构、解释乃至化解？答案似乎晦暗不明。经济学本身正在经历"经验革命"，实证规范和现实导向日益加强，理论雄心渐渐消退——这可能提升了经济学干预具体决策的能力，但类似货币主义和理性预期学说那样具有展演性的理论（或者说，以塑造市场信念来引导市场行为的观念）却似乎不复存在。2008年之前的美联储囿于观念而误判了金融危机的风险（Abolafia 2020；Fligstein et al. 2017），2008年之后的美联储主席耶伦和鲍威尔却都作风务实。全球意识形态伴随着民族主义兴起和社会族群分化而四分五裂，难以想象战后资本主义世界的精英团结会再次出现。随着中美关系的紧张，国际经济组织协同全球生产、推动经济一体化的能力也在衰退。如何理解后新自由主义世界的观念与政治，成了《大转变》留下的一道难题。

在这一"不确定"的图景之下，理解我国经济政策与经济学观念的关系显得特别重要。近十年来，从供给侧改革到经济内循环，国家论述总体经济形势和架构宏观经济政策的方式越来越具有观念先导的色彩。对于政治学和社会学者而言，理解这些观念所体现的国家对市场机遇和风险的判断和想象，描述这些观念通过决策机构和知识体系形成和迭代的过程，分析这些观念与市场行动者（尤其是国家和企业）之间的互动关系，是探索我国特殊的国家与市场关系的题中应有之义。我国学界长期对观念和知识在改革中所起的作用较为忽视。事实上，即使在国家主导改革的过程中，观念也依然是政策制定的基本要素。观念范式有助于我们更深入理解我国经济改革和制度变迁的过程。仅举一例。美国历史学家韦伯最近指出，我国20世纪80年代的价格改革很大程度上受到经济学观念的主导（Weber 2021）。当时价格改革迫在眉睫，但有关部门对价格改革的范围、方式和后果无法做出判断，这一情况非常接近布莱思所说的"奈特式不确定性"。主张一揽子改革的新古典经济学家和主张渐进式改革的"体改所"经济学家都深度参与了经济决策，对1984年的价格双轨制和1988年的"价格闯关"等重大决策产生了重大影响。可以说，如果没有专业经济学家的参与，我国的市场化改革将不可想象。在后新自由主义时代的不确定性再次笼罩世界的背景下，今天阅读或重读《大转变》，或许恰逢其时。

【参考文献】

冯仕政著，2013，《西方社会运动理论研究》，北京：中国人民大学出版社。

[英] 卡尔·波兰尼著，黄树民译，2017，《巨变：当代政治和经济的起源》，北京：社会科学文献出版社。

郦菁，2020，《知识研究与历史社会学》，《清华社会学评论》第12期：12–24页。

[美] 玛格丽特·韦尔、西达·斯考切波著，2009，《国家结构与国家以凯恩斯主义应对大萧条的可能性——以瑞典、英国和美国为例》，载彼得·埃文斯等编著，《找回国家》，方力维等译，北京：生活·读书·新知三联书店，143–221页。

[美] 马克·布莱思著，2016，《紧缩：一个危险观念的演变史》，北京：格致出版社。

Abolafia, Mitchel Y. 2020. *Stewards of the Market: How the Federal Reserve Made Sense of the Financial Crisis*. Cambridge(MA): Harvard University Press.

Babb, Sarah. 2004. *Managing Mexico: Economists from Nationalism to Neoliberalism*. Princeton: Princeton University Press.

Benford, Robert D. and David A. Snow. 2000. "Framing Processes and Social Movements: An Overview and Assessment". *Annual Review of Sociology* 26(1): 611–639.

Berman, Sheri. 1998. *The Social Democratic Moment: Ideas and Politics in the Making of Interwar Europe.* Cambridge: Harvard University Press.

Block, Fred. 2007. "Understanding the Diverging Trajectories of the United States and Western Europe: A Neo-Polanyian Analysis". *Politics & Society* 35(1): 3–33.

Blyth, Mark. 2002. *Great Transformations: Economic Ideas and Institutional Change in The Twentieth Century*. Cambridge: Cambridge University Press.

——. 2016. *Austerity: The History of a Dangerous Idea.* New York: Oxford University Press.

Bockman, Johanna and Gil Eyal. 2002. "Eastern Europe as a Laboratory for Economic Knowledge: The Transnational Roots of Neoliberalism". *American Journal of Sociology* 108(2): 310–352.

Brenner, Robert. 2003. *The Boom and the Bubble: The US in the World Economy*. New York: Verso.

Burrell, Jennaand Marion Fourcade. 2021. "The Society of Algorithm". *Annual Review of Sociology* 47: 213–237.

Campbell, John L. and Ove K. Pedersen. 2014. *The National Origins of Policy Ideas: Knowledge Regimes in the United States, France, Germany, and Denmark.* Princeton: Princeton University Press.

Çalışkan, Koray. and Callon, Michel. 2010. "Economization, Part 2: A Research Programme for The Study of Markets". *Economy and Society* 39(1): 1–3.

Converse, Philip E. 2006[1964]. "The Nature of Belief Systems in Mass Publics". *Critical Review* 18:1–74.

Davis, Gerald. 2009. *Managed by the Markets: How Finance Re-Shaped America*. Oxford: Oxford University Press.

Dwyer, Rachel E. 2018. "Credit, Debt, and Inequality". *Annual Review of Sociology* 44(1):237–261.

Esping-Andersen, Gosta. 1990. *The Three Worlds of Welfare Capitalism*. Princeton: Princeton University Press.

Fairbrother, Malcolm. 2019. *Free Traders: Elites, Democracy, and the Rise of Globalization in North America.* Oxford: Oxford University Press.

Fligstein, Neil, Jonah Stuart Brundage and Michael Schultz. 2017. "Seeing like the Fed: Culture, Cognition, and Framing in the Failure to Anticipate the Financial Crisis of 2008". *American Sociological Review* 82(5): 879–909.

Fourcade, Marion. 2009. *Economists and Societies: Discipline and Profession in the United States, Britain, and France, 1890s to 1990s*. Princeton: Princeton University Press.

Fourcade, Marion, and Sarah L. Babb. 2002. "The Rebirth of the Liberal Creed: Paths to Neoliberalism in Four Countries". *American Journal of Sociology* 108(3): 533–579.

Goldstein, J. and Keohane, R. O(eds.). 1993. *Ideas and Foreign Policy: Beliefs, Institutions, and Political Change*. Ithaca: Cornell University Press.

Hacker, Jacob S. and Paul Pierson. 2017. *American Amnesia: How the War on Government Led Us to Forget What Made America Prosper.* New York: Simon and Schuster.

Hall, Peter A. and David Soskice. 2001. *Varieties of Capitalism: The Institutional Foundations of Comparative Advantage*. Oxford: Oxford University Press.

Lachmann, Richard. 2020. *First Class Passengers on a Sinking Ship: Elite Politics and the Decline of Great Powers*. New York: Verso.

Lindvall, Johannes. 2009. "The Real but Limited Influence of Expert Ideas". *World Politics* 61(4): 703–730.

MacKenzie, Donald. 2008. *An Engine, Not A Camera: How Financial Models Shape Markets*. Cambridge (MA): MIT Press.

Major, Aaron. 2010. *Architects of Austerity: International Finance and the Politics of Growth*. Redwood: Stanford University Press.

McGirr, Lisa. 2015. *Suburban Warriors: The Origins of the New American Right*. Princeton: Princeton University Press.

Mizruchi, Mark S. 2013. *The Fracturing of the American Corporate Elite*. Cambridge (MA): Harvard University Press.

Mudge, Stephanie L. 2018. *Leftism Reinvented: Western Parties from Socialism to Neoliberalism*. Cambridge (MA): Harvard University Press.

North, D. C. 1990. *Institutions, Institutional Change and Economic Performance*. Cambridge (MA): Cambridge University Press.

Pacewicz, Josh. 2016. *Partisans and Partners: The Politics of the Post-Keynesian Society*. Chicago: University of Chicago Press.

Ruggie, John. 1982. "International Regimes, Transactions, and Change: Embedded Liberalism in the Postwar Economic Order". *International Organization* 36(2): 379–415.

Prasad, Monica. 2006. *The Politics of Free Markets: The Rise of Neoliberal Economic Policies in Britain, France, Germany, and the United States.* Chicago: University of Chicago Press.

Skocpol, Theda. 2003. *Diminished Democracy: From Membership to Management in American Civic Life*. Norman: University of Oklahoma Press.

Slobodian, Quinn. 2018. *Globalists: The End of Empire and The Birth of Neoliberalism*. Cambridge (MA): Harvard University Press.

Venugopal, Rajesh. 2015. "Neoliberalism as Concept". *Economy and Society* 44(2): 165–187.

Weber, Isabella. 2021. *How China Escaped Shock Therapy: The Market Reform Debate*. London: Routledge.

清算文化、官僚文化？
评《清算》兼论中美金融行业的差异

朱陈拓[①]

【摘要】何柔宛（Karen Ho）的《清算：华尔街的日常生活》（以下简写作《清算》）一书从人类学的视角深描了以华尔街投资银行（以下简写作"投行"）为代表的美国金融机构，分析了金融职业在日常实践中如何生产和再生产出一种高度流动和不稳定的"清算文化"，这种文化又是如何向美国企业施加影响并改变了美国的经济结构，经全球传播后又是如何助推了金融危机全球化的。本书对民族志方法的运用很精彩，但部分论点证据支持不足，对于金融市场内部机构、逻辑与国别多样性也考虑不足。此外，作者未能较好地处理某些超越个体经验的结构性或制度性因素。本书评特别结合了中国金融市场的具体情况，以中国为例对上述问题做了进一步阐发。

---

① 朱陈拓，哥伦比亚大学政治学硕士，曾就职于国内货币经纪公司和股份制商业银行总行。文章仅代表个人观点，不代表所在机构意见。

····

尽管金融市场及其参与者一直是社会学和人类学关注的传统议题之一，以往人类学对该领域的研究更多围绕作为媒介的货币展开（Maurer 2006），而社会学则更关注作为整体经济体系的一部分的金融市场的组织结构和行为者等问题。2008年由美国次贷市场引发的全球金融危机发生后，社会学和人类学对金融市场和制度的研究兴趣日益增长。其中，《清算》一书因其民族志方法，特别是作者亲身参与了金融机构的工作而引人注目。作者作为普林斯顿大学的博士生，在申请休学获批后，通过校园招聘进入了一家华尔街中型投行，在中后台部门从事企业绩效和企业组织相关工作，并借助这个机会访谈了投行前中后台各个级别的员工，同时利用校友网络，采用滚雪球的取样方法，接触到了更多的受访者。加入这家投行后不久，她便在金融危机中被裁员，因此也经历了从入职到离职的完整流程，在回到学校后继续完成了书稿后续的整理和写作工作。

该书引人瞩目的原因在于，一方面，金融行业对专业知识和从业人员的履历身份设置了特定的要求，这使得社会学家和人类学家较难进入；另一方面，相较其他更为典型的田野场所及研究对象，以往学者也较少采用民族志方法进入金融行业及市场，而通常采用统计数据或档案材料进行研究。考虑上述因素，本书便显得难能可贵。近年来，我国金融领域出现了诸多令人瞩目的事件，如以包商银行破产为标志的明天系金融机构破产重整，又如安邦保险集团的重整，再譬如房地产领域和地方城投平台债务的金融风险凸显等，其中最近的事件则是河南村镇银行爆雷。如果考虑这些事件，本书所探讨的金融机构文化和金融风险问题对中文读者来说同样是重要的，也具有独特的现实意义。

本书评首先概述《清算》一书的主要内容，随后笔者将试图结合自身的工作经验，依次就金融市场多元性、文化背后的社会环境和金融监管体系两个方面来说明问题，并结合国内金融行业的具体情况进行评述。文末将讨论相关研究，并阐述为何华尔街和中国互联网行业有着类似的文化。

从"股东价值"、清算文化到全球化

1995年9月21日，在美国电话电报公司（AT&T）宣布分拆和大规模裁员的同时，其股票价格反而上涨，而与之一起上涨的还有各家投行股票。这给了作者何柔宛很大的冲击。她提出了本书的核心问题：为何投资银行家们在宣扬股东价值的同时，却在事实上损害股东价值并制造危机？股东价值又是如何保持其文化上的合法性的？她的最终结论是：投资银行日常活动的高度不稳定性塑造了独特的流动性文化，而其特殊的职场模式、企业文化和组织价值塑造了投行家们的惯习，成为所有员工的行为准则和职业理念，并被他们通过企业并购和拆分的金融操作进一步灌输给美国企业，从而改变了美国经济，甚至全球经济结构本身。作者在写作中有三个实证层面的要点。首先是美国金融行业崛起的重要历史背景，特别是"股东价值"观念的兴起和发展。作者用了大量篇幅讨论这点，因其在访谈中发现，股东价值被用来正当化华尔街投行的行为及其后果，并且被美国企业广泛接受。实际上，20世纪50年代的美国公司并不仅仅是财产权的简单加总，而是处于一定网络之中的社会和政治实体，为利益相关者（stakeholder）服务；而到了20世纪80年代之后，特别是到了21世纪，企业股价成为衡量企业价值最重要的因素，股份被作为商品被风险投资家反复兜售，企业本身时刻面临拆分和并购，首席执行官和其他高管由于持有股权激励，其身份更多是企业股权的投资者，而非企业的长期员工。回溯来看，20 世纪 80 年代金融市场股东价值观念的兴起以及相应的收购 / 并购运动促成了这一转变：由于日本制造业的兴起和 20 世纪 70 年代的经济滞胀，美国企业陷入了一场信心和生产效率的危机之中，而并购 / 收购被认为是刺激企业提高效率、积极创造的一剂良药。彼时股市开始上涨，经济重新蓬勃发展，新金融工具不断被发明，机构投资者纷纷加入这场游戏，而高管层的短期激励、多元化公司的相对低估值等因素也推动了收购的繁荣和进一步的金融化。尽管社会经济危机的最终解决与企业并购重组间并不存在必然联系，但华尔街还是错误地认为自己拯救了美国商业，并且围绕这种成功产生了一套基于股东价值的叙事。这套叙事通过投行的制度记忆、商学院、公司同事、金融媒介和流行文化被不断再生产。最终，企业不得不对风云突变的股票市场随时做出回应，而保持雇佣关系的稳定等其他目标不再那么重要了，于是便出现了下述情景：一方面，华尔街和企业在股东价值叙事中庆祝股价上涨；另一方面，大量企业不断兼并、重组、裁员，社会经济不平等大大加剧。从上述论证中看，股东价值论与华尔街投行业务的扩张与变迁是相辅相成的。

其二，该书中间部分详细研究了投行家们的职业日常实践和文化，而这些职业逻辑与文化不仅改变了华尔街从业者，也在很大程度重塑了全美企业与更普遍意义上的美国经济结构。书中讨论了投行职业的入职、工作内容、薪酬、跳槽、解雇、再入职或离开投行等具体的方面，涵盖了职业生涯的各个环节。投行文化在作者笔下不再是某个抽象的概念，而是具体地通过校园招聘会安排、投行的工作氛围与加班文化、前台与中后台的楼层设置和晋升安排、薪酬和人员流动机制等被编织在日常工作中，并取得了普遍的合法性：所有这些细节安排，让置身其中的人们对关于投行是干什么的、什么是投资银行家给出自己心中的答案，并让他们投身到这套机制的再生产中，不由自主地向新来者传递着所有一切。投行家认为自己是聪明的精英人士，因为投行通过在顶尖常春藤学校精心安排招聘活动和校友活动来招募员工，从而将"聪明的投行家"合法化，而这种行为得以持续进行下去，一方面是这种行为和"聪明的投行家"这一观念存在着彼此成就的关系，另一方面则是因为投行能够开出高额薪酬。继续深究，这种高额薪酬以一套极具流动性的人事薪酬制度为依托，其流动性体现在三个方面：其一，在投行组织架构层面，投行采用灵活并会放大市场波动的组织结构，顺势扩张增员、逆势收缩裁员，此为组织架构的流动性；其二，在投行业务层面，投行的薪酬以奖金为主，鼓励投行及投行家们追逐市场热点和顺市场周期开展业务，此为业务的流动性；其三，在个人层面，随着被放大的市场波动，投行人士们自身以极高的速率在一家家机构之间流转，不断地被招聘和被解雇，此为人员的流动性。浸淫其中的人们将流动性作为投行的特征接受，并在接受的基础上将前述安排及其后果合理化：投行人士们理所应当地认为，自己的职业生涯、投行、美国企业、美国经济都应当像潮水般地涌来，又如潮水一样地退去，而他们能做的以及应该做的就是在时刻的神经紧绷中尽可能抓住每一波浪潮。这就是所谓的"清算文化"，这和华尔街自股东价值革命后所引领的对于企业不断清算的理念是相洽的。

在本书的最后一部分，作者以 2008 年次贷危机为例，讨论了华尔街文化通过全球金融市场从美国向全球扩张的途径。当投资银行在世界范围内推销自身业务时，其也在推销自身的文化和行事方式。以次贷产品为例，投行通过发行证券建立了全球性的次级抵押贷款市场，并向全球投资者兜售这些金融产品，使得风险在全球范围内散播：购买次贷产品的机构除了美国的金融机构，还有很多欧洲的银行。当次贷危机爆发时，欧洲银行甚至表现得比华尔街更像华尔街，并陷入了更深的危机。投行也直接促进了终端贷款市场的扩张：他们收购和投资各种贷款公司并迫使其发行更多掠夺性的、劣质的贷款。繁荣时期的次贷业务为投行带来大量营收和利润，次贷市场规模大幅增长，奖金大幅上升。瑞银集团等原本作风严谨的机构也受前述行为和文化影响，在诱惑和竞争压力下购买持有大量次贷资产。但很快次贷危机来临，投行股价暴跌，市值蒸发，大量岗位被裁，投行持有的次贷资产被大幅减记。这一崩溃的过程很快传导到了包括欧洲在内的全球金融市场。在作者看来，由于缺乏恰当的预警和惩罚机制，次贷危机的始作俑者并没有承担其行为的后果。投行家们相信因为自身机构庞大且实现了业务的全球化，牵一发而动全身，所以政府不会放任他们失败，而实际上他们也得到了奥巴马政府的救援。

金融市场的多元性：机构、逻辑与国别差异

本书内容固然精彩，但不可避免有疏漏之处。如上所述，作者借助大量一手田野记录和访谈生动描绘了投行家的职业状态与文化，令人信服地刻画了华尔街如何持续性地通过具体金融从业者来再生产一种"有毒的"文化，读来颇有趣味。仔细来看，作者的论述主要建立在两方面的材料之上，一方面是与股东价值观念有关的二手文献，另一方面是田野记录以及对业内人士的访谈。通过田野调查收集到的一手材料因其独特视角固然有不可否认的优点，但作者缺乏专业背景，也难免使得论点组织稍显凌乱，同时部分核心论证也未得到上述田野材料的充分支持，有以偏概全之嫌。

首先是投行作为案例的样本偏差问题。书中的访谈内容主要聚焦于投行证券承销和并购重组业务，尽管作者也访谈了从事投资交易以及资产管

理等其他条线的人员，但作者并没有明确区分各类业务，讨论华尔街影响及后果时也笼统地将各类业务混为一谈。然而在任何金融市场，包装并售卖金融产品的卖方和握有资金并寻觅投资机会的买方都差别巨大：前者的代表是作者所理解的投资银行（也即中国语境里的券商），后者的代表则是公募基金（及其他各类资产管理机构）。作者对于金融从业者的观察，其部分内容仅对投行成立：只有投行才会出于业务需要，去尽可能地寻找项目机会，而正是在这一逻辑下，投行人士才会推动企业进行并购重组：低级职员需要在加班"地狱"中准备毫无意义的项目材料，高级职员为了拉到项目，其主要工作就是去跟企业主打高尔夫。而买方机构的工作内容则是研究投资标的和资产价值，并择机买入或卖出，其直接接触企业也是出于研究所需，更遑论为了开展业务而准备项目材料。因此，投行并不代表所有的金融机构及其文化。当然，买方和卖方在某些方面越来越具有共通性，而且美国的金融机构也的确在进行纵向一体化，把不同业务都纳入自己的组织体系：尽管金融机构会应监管要求建立自身买方业务和卖方业务在人员、业务和管理上的"防火墙机制"，但很难说在组织文化上也存在着类似的"防火墙机制"。作者提到商业银行和投资银行的投资部门都会为了追求利润而无视风险（典型表现就是买入风险极高的垃圾债券[②]），以及员工在一种高压力和高度不稳定的环境中工作，而这对所有金融机构也许都是成立的。

当然，就前述内容，本书作者也曾明确为自己辩护，她认为投资银行

[②] 所谓垃圾债券，通常是指那些因信用评级较低而以较高的收益率发行和交易的债券。固然有金融理论支撑对垃圾债券的投资，并且金融体系中也存在着以投资垃圾债券为主的投资策略和相应的投资机构，但通常只有一部分风险偏好较高的资金和投资者会选择投资，而如商业银行、保险机构、养老金或年金计划等机构通常在各个层面都不被允许投资此种债券。而许多实际风险远高于信用风险评级的垃圾债券在金融危机爆发前被评级机构赋予高评级，并被不允许投资垃圾债券的机构买入，在金融危机中这些债券给投资机构带来了严重损失。本书作者也提及了评级机构如何受利益驱使从事上述行为（参见：何柔宛 2018，475–476）。

相较其他机构或组织而言，处于美国金融体系的核心地位，是可以解释近至美国金融行业、远至美国企业中看似矛盾的种种现象的。然而我们应当注意到，一方面当作者做出这样的研究选择时，她实际上模糊了投行在金融市场内与不同金融机构和行为者之间的互动，而这些互动对作者的论述实际上很重要；另一方面，投行的这种核心地位是与美国自身的金融体系有关的，并非放之四海而皆准。作者将关于华尔街投行的论述外推，认为华尔街投行文化的国际化传播是造成金融危机全球化的问题，既忽视了各国金融体系的异质性，也忽视了华尔街投行在世界金融体系中的独特地位。关于第一个方面，我们不妨以价格为例，在作者关于投行文化如何给金融体系和企业带来不稳定性和风险性的论述中，资本市场的资产价格被视为重要的因素。首先作者指出，以股票价格为代表的资产价格和股票的实际价值并不真正挂钩，高股价并不意味着公司的运营给社会各方面提供了真正的价值，而只是华尔街塑造的一个神话[③]；其次，作者认为资产价格的涨落往往直接和投行员工的薪酬水平以及业绩挂钩，这种正反馈的关系放大了市场波动，而这种波动和投行员工的精神状态以及投行的人员管理模式之间又是相互影响的；最后，作者认为各类资产的价格也是传递危机及其后果的重要途径，随着股票和各类证券的价格崩盘，投行会遭受巨额亏损，因此作者认为投行文化是自我毁灭的。

以上三处的讨论其实都有不准确的地方。就第一处而言，当作者指责股东价值神话使企业追求高股价、忽视社会价值时，其批评的真正对象其实是金融市场的一般局限：企业的股价是金融市场对其定价的结果，与其社会价值本不相同，否则也不会出现股价的即时波动了。换言之，股价本

[③] 在某种意义上，股东只是用现金去交换了股票，而不是控制权。但是依据新古典经济学的价值理论，这一交易确立了股东作为公司新的所有者和控制者的合法性地位，从而成了公司所有收益的唯一接受者，这种安排是有很大问题的，其他的利益相关者被抛开了，比如债权人、员工、供应商等（参见：何柔宛 2018，287）。

身不能反映企业带来的社会价值这一现象,并不能由股东价值神话来加以解释。实际上,作者在著述中也没有展开讨论,毕竟这一现象过于宏大,并非本书所能及。可以指出的是,投行是金融市场的定价过程中重要的参与者和推动者,但投行本身并不直接指定价格;价格是通过金融市场的各方参与者互动形成的。此处关于企业行为和股东价值理论的讨论,显然是不能让人满意的。

就第二处而言,固然可以像作者一样认为投行的薪酬安排和人员管理模式的震荡与市场波动之间相互放大,但也可以认为,因为投行是金融市场的重要参与者,上述反馈机制使金融市场能够花更短的时间完成调整:当市场情绪高涨、资产价格处于高位时,企业更愿意寻找投行以高估值进行融资或开展交易,而持有资金的投资人也更希望通过投行来开展投资;当市场情绪低落、资产价格处于低位时,企业不再寻求投行的服务,投资人也变得更加谨慎;投行自身的管理模式只是让上述转换过程变得更快而已。书中对于员工的精神状态以及投行管理模式的论述当然正确,但认为金融市场的交易或者金融市场的运行仅由投行一方主导来推动,不免有很大的局限。市场中有多样的行动者,他们不同方向的行动最终决定了市场的变化。

就第三处而言,首先应该指出的是,投行在2008年后的确遭受了巨额亏损,但其中的逻辑并非如作者所述单纯是由于投资银行业务的亏损,其中涉及金融市场业务的划分。通常狭义上所称的投资银行业务,往往指帮助企业通过发行股票或债券等金融工具进行融资,或帮助企业出售或购买资产,并从中收取承销费用或其他中介费用的活动。由于存在前述充满流动性的人事薪酬制度,狭义投资银行业务的成本和收入是挂钩的,并且投资银行业务本身并不承担市场价格波动带来的风险,所以即使在经济惨淡时期,这些业务本身也不会有巨额亏损。华尔街投行的巨额亏损是由于投行为了追求业务扩张以及收入多元化，开展了许多传统投资银行之外的业务，而这些业务往往使投行面临市场价格波动带来的巨大风险[4]。笔者并不否认，投行文化中放纵、追求风险等因素可解释投行扩张业务带来巨额亏损的现象，但此处更应指责的对象应该是美国金融监管机构，或者说美国的监管体系。考虑到作者并没有试图用文化来解释监管体系的形成，所以这更多地是一个制度的问题，而非文化的问题，并且已有文献对此进行过了深入讨论（Fligstein 2021；Krippner 2012）。综上所述，虽然作者关于投行文化及从业者状态的记录和讨论生动丰富，颇具说服力，但简单地将投行文化外推至其他金融市场参与者，或者忽略投行身处其中的具体运行机制，基于直观感受认为投行文化可以直接解释某些现象，那么其观点的适用范围始终是有限的。

此外，作者的论述并不局限于华尔街，还涉及一般的美国企业，作者认为华尔街投行的清算文化影响了美国企业。但是略有遗憾的是，作者在本书中呈现的证据材料并不能强有力地支撑上述论断。当讨论股东价值观念如何改变企业行为时，作者尽管列举了来自企业高管的言论片段，但并没有对此开展系统的田野调查，并且作者在这方面的材料不足以回答下面一系列问题：为什么企业高级管理人员会接受投行建议进行并购重组？企业内部各方人士又是如何看待企业本身或股东价值的具体含义的？更进一步，作者可以在企业的管理层开展参与观察，以了解企业是如何做出决策的。导致这一缺陷的原因是显然的：作者进入投资银行本身便是基于校招的机缘巧合，而她并没有类似机会得以进入企业内部。部分为了弥补上述

---

[4] 以高盛为例，其2021年年报披露的总营业收入为593.39亿美元，其中投资银行业务收入为148.76亿美元，仅占约25%，其余收入则由资产管理业务、佣金和手续费收入、做市业务以及其他资产交易构成，参见：《高盛集团2021年年报》（The Goldman Sachs Group, Inc. Annual Report 2021），2022年2月25日发布，https://www.goldmansachs.com/investor-relations/financials/current/annual-reports/2021-annual-report/，2023年7月17日访问。

不足，作者援引了诸多二手资料，并访谈了投行员工对此的看法（见书中第三、四章）。然而，基于文献回顾和投行员工的单方论述来构建关于企业是怎么受到投行影响的论证，并不直观，也不够有力。

基于笔者的观察，上述美国投行的工作氛围和行业文化也部分存在于国内金融行业中。比如，在国内券商前台业务部门工作，也会面临不稳定的高薪和高强度的加班，其体验和书中所述美国投行的工作状态相差无几。但不同的地方在于：整体而言，国内金融体系仍旧是由商业银行体系主导，而其中的工作体验与生存逻辑也许完全不同于券商或其他非银机构。中国商业银行的工作安排中强调资历和级别，福利和待遇更稳定和可预期，同时中后台岗位往往被认为相较前台业务部门岗位更稀缺、更安稳、更吸引人。造成这种现象的原因部分是国家官僚系统组织文化和国有商业银行行业文化的延伸扩展，这种文化的再生产和作者阐述的华尔街投行文化的再生产有着类似的逻辑。员工或中高层领导进入某个环境并遵守着某些既有的行规或行为模式，而这些行规或行为模式经由具体个人的行为以及具体组织安排又被持续地再生产出来。

最后，如上所述，作者还试图将美国经验推及全球金融市场，论述华尔街投行文化是如何进行全球传播的，并导致了金融危机的全球化。此部分的论述较为简略，作者也并没有用民族志方法对跨国投行在美国之外其他国家的实际运作进行研究，而仅依据间接材料论述。至少可以指出的是，由投行主导且拥有发达的股票市场的金融体系是一种美国特有的、或至多仅是部分国家特有的现象，而在其他国家，不论金融市场参与者，还是金融体系的结构，都与美国差别很大。典型如德国和日本，其商业银行在金融体系中仍然占据相当的主导地位。从另一方面来看，美元作为世界货币的地位独一无二，这使得华尔街投行位于世界金融体系的核心。而这两点也使得起源于美国的次贷危机具有全球性的影响力，因为其他机构不得同位于核心的华尔街投行进行各类交易。然而，这并不一定是文化问题，而是一个国际政治经济学问题。

社会环境和金融监管：以中国为例

需要更进一步讨论的是，原书作者的论述重点在于华尔街文化如何通过种种途径持续塑造身处其中的具体个体及其行为，但对于形塑特定文化的历史性社会政治环境和条件约束并没有给予同等分量的关注，前文的讨论也部分涉及了这一点。要更为深入地理解这一点，我们需要关注的是：其一，应当分析特定文化形成的历史过程和社会环境；其二，金融业作为严监管的行业，监管政策对金融机构和从业人员的行为做出了强制性规定，也是行业文化的重要塑造者。通过适当引入中国的金融市场及金融机构的相关实践，或许可以更好理解为何文化总是特定时空的产物，并与结构因素之间有着更为复杂的互动。

在中国当下的情境中，与其研究金融机构的历史创造和推广了某种文化，不如研究其文化是如何被国家主导的逻辑和至今严格的监管体系所塑造的。如上所述，时至今日，中国的金融市场仍旧是由商业银行主导的，从资产规模上看，我国商业银行的资产规模占总体资产规模的近90%（中国人民银行2022），并且主要商业银行的负责人往往有着实质上的行政级别。从历史上看，国内的商业银行脱胎于原计划经济体制，改制成现代商业银行组织形式也仅是20世纪90年代之后的事情。这种情况下，商业银行带有种种鲜明的官僚文化烙印，下文将稍微展开进行论述。

首先，一眼可见的是，我国商业银行与华尔街投行的薪酬制度不尽相同。在美国金融业，投行为前台员工提供高额绩效薪酬，促进了鼓励流动和攀比的文化，部分导致了人员和组织结构的高度流动性，并要对投行业务的无序扩张负责。而在我国，由于商业银行基本不得实行与股权激励计划或员工持股计划性质类似的安排，以及国有金融机构存在限薪要求[5]，所以华尔街投行无论繁荣还是萧条均派发高额绩效薪酬的情形在我国几乎不存在。然而有意思的是，在中国的体系中，商业银行发展出了一套同机构级别和职级挂钩的工资和福利制度，并拥有与这一安排相应的文化，员工考虑的是尽可能在这个体系中向上攀爬，而非不断流动以最大化变现自己的价值。[6]

更进一步，商业银行的运营方式不同，文化也不同。如果说投资银行是以前台主导、高度流动性作为其文化特征的话，那么商业银行几乎可以说是其反面。尽管当下商业银行的前台客户经理有着市场化的收入，但很少有如投行那般因业务出众而成为明星的前台员工。与此同时，持续且以存量为基础的增量考核指标意味着持续的业绩压力，且在出现违规行为或业务风险暴露而需要进行问责时，前台客户经理往往承担主要责任。相较而言，中后台岗位往往因其稳定的收入、岗位以及较少的业绩和问责压力而被认为是更好的工作。机构架构和不同部门的职能分工也共同塑造了这

---

[5] 因经济改革和加入WTO的要求等诸多因素，我国的大型国有商业银行纷纷于21世纪初完成改革并在资本市场上市。大型国有商业银行上市后也一度引发了市场关于薪酬制度的讨论，但仅有中国建设银行曾实际实施员工股权激励方案，见：中国建设银行2007年7月6日于港交所的公告《员工股权激励方案的实施》，2007年7月6日发布，https://www1.hkexnews.hk/listedco/listconews/sehk/2007/0706/ltn20070706329_c.pdf，2023年7月17日访问。交通银行曾在公开市场表示也有相应计划，见：《交行酝酿高管股权激励》，2005年9月15日发布，https://business.sohu.com/20050915/n240393220.shtml，2023年7月17日访问。但随后薪酬激励计划被叫停，交行的股权激励计划也并未落地。2009年金融危机后，股权激励计划和员工持股计划便暂停至今，见《关于金融类国有和国有控股企业负责人薪酬管理有关问题的通知（财金〔2009〕2号）》，2009年1月13日发布，http://www.gov.cn/gzdt/2009-01/24/content_1214648.htm，2023年7月访问。通知第四点便明确"各国有及国有控股金融企业根据有关规定暂时停止实施股权激励和员工持股计划。在国家对金融企业股权激励和员工持股政策公布之前，各国有及国有控股金融企业不得实施股权激励或员工持股计划"。金融机构仅有的例外是部分公募基金公司，通过允许设立员工持股平台、由员工持股等进行股权激励，并且该点也在最近的监管政策中明确，见：《公开募集证券投资基金管理人监督管理办法（证监会令〔第198号〕）》，2022年5月20日发布，http://www.csrc.gov.cn/csrc/c101953/c2804634/content.shtml，2023年7月17日访问。

[6] 尽管商业银行并非行政机构，但商业银行管理人员的党组织关系和人事关系和政府密切相关，在组织上也有相似性。实际情况中，金融监管机构人员离职并转而进入商业银行工作的话（很多时候是由组织部指定），也会参考其行政级别来确定其在商业银行的职级。反之，也有大型国有银行行长调动就任省级地方政府领导。

217

种文化：在商业银行重资产的经营模式下，风险管理、授信审批、计划财务等中后台部门往往决定了项目能否通过、业务获得的支持力度和资源的分配。这甚至在员工流动模式中也有所体现：中后台部门岗位设置往往有限，严格按照专人专岗、定岗定职定责的原则设置岗位，新增岗位往往要经过高一级或两级的管理部门或人员审批，相应的人员流动也较少；而前台业务部门往往不会严格限定岗位人数，相应部门设置也更为灵活。商业银行往往设置有多级机构，在科层制的管理架构下，办公室和人力资源等部门往往天然地处于核心地位。在我国银行的单一法人结构以及审贷分离机制下，总行和一级分行通过授权、人事任命、业务考核和资源分配强有力地控制了下级机构。作为上述安排的结果，中后台部门的地位高于前台。于是，尽管商业银行是有着严格风险管理机制和内部控制制度的现代商业公司，但其企业文化和日常的行事作风往往充满了党政机关科层制的特质，这种特质当然与美国投行文化迥异。《清算》的作者用楼层安排、电梯设置等各种细节来生动刻画华尔街投行文化中前台部门的优越地位。用同样的视角来看中国的商业银行，办公室、财务部门和人事部门往往设置在离管理层办公室最近的楼层，而银行内部也普遍认为上述部门升职最快。

最后，我们再来看看股东价值的问题，这一观念所带来的经济和社会结果也取决于其所处的历史社会环境，而并不具有普遍性。讨论股东价值转向的一个必要但作者却未点出的前提是，股东概念被法律所清晰定义、在市场行为中被广泛接受。我国《公司法》的颁布及施行是20世纪90年代邓小平南方谈话之后，其内容借鉴了包括美国在内的不同国家的实践经验。但即使到了当下，从我国金融市场实践来看，也很难说股东价值在我国金融市场的实践中取得了无法驳辩的正当性。我国大多数上市公司的股份仍旧是由国家通过国资系统及其下属企业、财政系统及其下属企业等多种渠道持有，或由创始人及其亲属持有，股东价值对于他们而言并不是必需的：他们本身就是主要股东，直接行使股东权利即可实现自身利益，而不需要以"股东价值"之名行事。只有当股东主要由专业投资机构构成，在投资者和实际投资标的间存在投资机构和职业经理人这些代理人时，代理人们才有必要借助"股东价值"而正名。相对应的，我国金融市场也并没有广泛出现作者所述的职业经理人、作为股东的金融投资机构以股东价值之名攫取权力，频繁开展并购重组的情况⑦。

　　回头来看，中国的金融机构改革和金融市场建设在某种程度上的确是由"经济价值"的叙事推动的。21世纪以来，商业银行改制被认为是成功的，因为其已往承担的社会功能或被赋予的社会价值被剥离，其通过股份制改造成为上市公司，实现了规模和利润的高速增长⑧。保险公司、券商、信托公司等其他非银机构往往也是从商业银行和地方政府机构脱胎而来，其发展也伴随着剥离社会功能，强调经济价值的过程。尽管如此，社会各方对金融机构的期待不曾是、现在也不会是单纯的实现股东价值。相反，金融机构仍被普遍视为实现治理的工具，需要完成很多超经济的任务，比如为地方政府融资提供支持、配合实施国家宏观政策等。具体业务上，它们需要在由监管机构和地方政府主导的外部环境下开展；机构治理层面上，国有资本通常以大股东身份参与商业银行法人治理；组织关系上，党组织通过在各层级组织机构建立起党的机构，并由此把握人事、财权和决策权，从而实现对商业银行的领导。而企业，特别是国有企业，和金融机构的权力关系以及进而扩展开的同金融体系间的关系也与美国模式不同。国有资

---

⑦ 极少数的例外可能包括格力电器，其大股东珠海格力集团作为国资股东，自格力电气上市以来逐步减持股票，直至2019年与高瓴资本达成协议转让大部分股权，从而丧失了大股东地位。尽管是由高瓴资本出资投资格力电器，但这一笔投资实际上是由以董明珠为代表的格力管理层主导的。而在引入高瓴资本后，格力电器因多元化投资和扩张在资本市场引发颇多关注。
⑧ 《清算》引用了亨利·保尔森的论述，谈到了高盛的中国电信IPO业务（491-492页）。实际上，高盛等华尔街投行深度参与了中国国企改制以及国有商业银行的改制和上市。如作者所说，这些投行的确在全球传播其文化和股东价值观念。但就中国的结果而言，其影响并不是单一的，并不全然是负面的。

本以国有企业改制上市、国有资产兼并重组、产业投资等多种方式深度参与资本市场，在现有国资管理机制下，股东价值并不是唯一的目标。例如近年来科创板的发展便有着浓厚的高新技术产业政策背景，又譬如更晚近的公开募集基础设施证券投资基金（REITs）产品的推出，其背后也有着盘活国有存量基础设施资产的政策考量。

总体来说，政策环境决定了金融机构和金融市场的发展与多重目标，而非金融机构通过积极游说以塑造政策，或为了业务发展而开辟市场[9]。在这些关系当中，金融机构虽是重要一环，但并不处于核心地位。而根据我国经验，我国金融机构的问题往往要么是由非市场因素造成的，要么是其他领域问题延伸的结果。前者的例子包括近年的包商银行和河南村镇银行事件。二者均为金融机构实际控制人或外部人士插手金融机构经营并挪用资产，最终导致金融机构蒙受巨大损失及一系列衍生问题。后者的例子如房地产领域金融问题和地方融资平台债务问题，并且最近这两方面的问题更加严峻。金融机构在这些领域面临的风险与其说是金融机构自身造成的，不如说是特定的经济-财政运行模式造成的。这些问题如果有解决方案的话，也绝不仅涉及金融领域和金融机构自身。这和美国华尔街作为金融危机的主要发动机和最大受害者之一，是不尽相同的。

---

[9] 当然，这并不意味着我国的金融机构或市场完全是政策的被动接受者，但其对政策的影响往往体现在如何影响政策制定者维持现有秩序上，而不是实现对它们有利的创新。例如2018年资管新规过渡期延长，以及相关机构监管规则和具体产品配套规则出台的过程，背后便经历了金融机构与监管方的博弈。可参见：财新网，《资管新规又生变数》，2019年12月30日发布，https://weekly.caixin.com/2019-12-28/101498890.html，2023年7月访问。

从金融到互联网

概而言之，传统上研究金融市场的社会学者和人类学者更习惯于坐而论道，而非进入具体的田野工作，而本书就其研究主题和方法而言是具有相当原创性的，对于投行文化的再现与分析也具有很高的可读性。近年来美国也有类似的作品，如汉瑞顿（Brooke Harrington）的《没有边界的资本》一书。作者花费了很长时间以进入财富管理行业（作者参加了一项两年期的培训项目），为了开展田野还加入了国际信托与资产规划学会（STEP）。她通过进入行业实践，调查到资产管理行业如何运用金融-法律技术，通过战略性地使用信托、基金会和公司法人等工具，让全球范围内的超高净值个人能够享有自由、流动性和隐私。在某种程度上，这一行业促使现代金融进一步实现了全球化。跨境移动客户资产的过程中面临诸多法律和组织的难题，而这一行业恰恰利用了这些复杂性，开创性地使用各种已有的金融-法律工具，甚至重塑了某些法域的法律，为客户和自身谋取利益[10]。但总体而言，由于金融相关领域客观上专业门槛比较高，对研究者本身的要求也很高，此类具体的研究并不多。《清算》虽然并不完美，但其对美国金融市场的观察多有洞见，且在研究问题和研究方法上也都有启发之处，对我们反观国内金融市场有一定助益。当然，对于金融市场的多样性理解不够、缺乏对金融行业背后社会环境和金融监管体系的理解，是本书不可忽略之缺陷。本文希望通过引入对于中国和部分欧洲金融行业的比较，来部分说明这些问题。

---

[10] 20世纪末、21世纪初因投资-融资需求被发展起来的用于实现中国互联网企业在美国上市的可变利益实体（VIE）架构便是这种创新使用金融-法律工具的绝好例子。这一安排运用美国会计准则和中国行业监管政策间的裂隙，通过一系列公司设置和协议安排，使得海外资金能够在事实上不用审批便可投资位于中国境内的、通常需要接受严格外商投资审批的电信服务业等行业，并且这些投资在美国监管政策下因符合美国会计政策而被视为美国上市公司的业务和资产。

也许和直觉相悖的是，相较我国的金融行业，我国互联网行业所表现出的某些特征与《清算》所详述的美国投资银行业可能更相似。在对互联网行业强监管模式开启前的近十年以来，中国互联网企业爆发式增长，并总是在快速地进行内部组织调整，尽管行业内员工流动性很多，随时可能被解雇，但其再就业的机会也多。而为中国互联网行业提供融资支持和推动其组织发展的重要力量便是华尔街投行或与其有密切联系且文化相似的各类外国投资者。此外，互联网公司的高管团队和外资投行、咨询公司间存在着密切的社会网络和人员流动关系，而以融资、估值和财报为导向的经营方针也使得这些公司试图通过种种手段在短期内取得高速增长，公司价值观也以为投资者追求回报和上市等目标为主，与本书讨论的股东价值至上理念极为相似。就互联网企业所带来的部分社会影响而言，也有着类似的特征。互联网企业所倡导的高流动性的文化，借助新生的互联网平台打碎了原有的社会网络，重组了以即时匹配和高度匿名化为特征的社会关系，并带来了各种新的社会问题，典型的例子便是外卖巨头出于成本考虑，采用算法控制骑手，同时通过法律技术重塑了高度流动性的劳动关系（北京致诚农民工法律援助与研究中心，2021），而这带来了无法忽视的社会后果[11]。《清算》一书的视野和部分观点，也许有助于我们理解这些尚未被充分论述的新现象。

---

[11] 在致诚相关研究报告发布前后，政府部门也采取行动并出台相关政策，可参见：《人力资源社会保障部 国家发展改革委 交通运输部 应急部 市场监管总局 国家医保局 最高人民法院 全国总工会关于维护新就业形态劳动者劳动保障权益的指导意见》，2021年7月16日发布，https://www.gov.cn/zhengce/zhengceku/2021-07/23/content_5626761.htm，2023年7月17日访问。关于司法领域的措施，可见《人力资源社会保障部 最高人民法院 关于联合发布第三批劳动人事争议典型案例的通知》，2023年5月26日发布，https://www.court.gov.cn/zixun/xiangqing/401172.html，2023年7月17日访问。

【参考文献】

北京致诚农民工法律援助与研究中心，2021年9月发布，《外卖平台用工模式法律研究报告》，https://zgnmg.org/wp-content/uploads/2021/09/zhicheng-report-on-food-delivery-workers.pdf，2022年10月31日访问。

财政部，2009年1月24日发布，《关于金融类国有和国有控股企业负责人薪酬管理有关问题的通知（财金〔2009〕2号）》，http://www.gov.cn/gzdt/2009-01/24/content_1214648.htm，2023年7月17日访问。

财政部等，2017年5月3日发布，《关于进一步规范地方政府举债融资行为的通知（财预〔2017〕50号）》，http://www.gov.cn/xinwen/2017-05/03/content_5190675.htm，2022年10月31日访问。

国务院，2014年10月2日发布，《国务院关于加强地方政府性债务管理的意见（国发〔2014〕43号）》，http://www.gov.cn/zhengce/content/2014-10/02/content_9111.htm，2023年7月17日访问。

国务院办公厅，2025年12月19日发布，《国务院办公厅转发国资委关于进一步规范国有企业改制工作实施意见的通知（国办发〔2005〕60号）》http://www.gov.cn/gongbao/content/2006/content_185178.htm，2022年10月31日访问。

中国人民银行，2022年9月14日发布，《2022年二季度末我国金融业机构总资产407.42万亿元》，http://www.pbc.gov.cn/goutongjiaoliu/113456/113469/4657367/index.html，2023年7月17日访问。财新网，2019年12月3日发布，《资管新规又生变数》，https://weekly.caixin.com/2019–12–28/101498890.html，2023年7月17日访问。

中国证券监督管理委员会，2022年5月20日发布，《公开募集证券投资基金管理人监督管理办法（中国证券监督管理委员会令第198号）》，http://www.csrc.gov.cn/csrc/c101953/c2804634/content.shtml，2022年10月31日访问。

Fligstein, N. 2021. *The Banks Did It: An Anatomy of the Financial Crisis*. Cambridge (MA): Harvard University Press.

Harrington, B. 2016. *Capital without Borders: Wealth Managers and the One Percent*. Cambridge (MA): Harvard University Press.

Krippner, G. R. 2012. *Capitalizing on Crisis: The Political Origins of the Rise of Finance*. Cambridge (MA): Harvard University Press.

Maurer, B. 2006. "The Anthropology of Money". *Annual Review of Anthropology* 35(1): 15–36.

Paulson, H. 2015. *Dealing with China: An Insider Unmasks the New Economic Supperpower.* New York: Hachette Book Group.